Voy a ser asertiva

Voy a ser asertiva

Utiliza tu inteligencia emocional para autoafirmarte

OLGA CASTANYER
y
OLGA CAÑIZARES

conecta

Papel certificado por el Forest Stewardship Council®

MIXTO
Papel procedente de
fuentes responsables
FSC® C117695

Primera edición: octubre, 2017

© 2017, Olga Castanyer Mayer-Spiess y Olga Cañizares
© 2017, Pilar Gómez Acebo, por el prólogo
© 2017, Penguin Random House Grupo Editorial, S. A. U.
Travessera de Gràcia, 47-49. 08021 Barcelona

Printed in Spain – Impreso en España

ISBN: 978-84-16883-09-7
Depósito legal: B-17.021-2017

Compuesto en M. I. Maquetación, S. L.

Impreso en Black Print CPI Ibérica
Sant Andreu de la Barca (Barcelona)

CN 8 3 0 9 7

Penguin
Random House
Grupo Editorial

Índice

PRÓLOGO de Pilar Gómez Acebo   9

¿QUIÉNES SOMOS?   11

¿QUÉ TE VAS A ENCONTRAR EN ESTE LIBRO?   15

PRIMERA PARTE
¿De qué estamos hablando?

1. Inteligencia emocional y asertividad: las grandes aliadas   19
2. La mujer asertiva   30
3. Lo que tenemos en común: las necesidades   46
4. Lo que tenemos en común: los valores   52

SEGUNDA PARTE
Las competencias de la inteligencia emocional
necesarias para la asertividad

5. Autoconocimiento   73
6. Regulación emocional   88

7. Autoestima. 106

8. Empatía y escucha activa. 125

9. Automotivación. 149

10. Habilidades sociales y comunicación 162

11. Técnicas asertivas 181

TERCERA PARTE
La mujer asertiva en sus diferentes roles

12. La mujer asertiva como madre 205

13. La mujer asertiva como pareja 222

14. La mujer asertiva como hija 242

15. La mujer asertiva como trabajadora 253

BIBLIOGRAFÍA 277

Prólogo

Resultan innegables e imparables los avances conseguidos por la mujer en las últimas décadas del siglo xx y en el inicio del siglo xxi. Sin embargo, por contradictorio que parezca, también es incuestionable el retroceso que ha sufrido en determinados campos a raíz de la crisis del año 2008, que obliga a un replanteamiento que permita recuperar y consolidar los esfuerzos realizados.

Más allá de las declaraciones que denuncian las múltiples desigualdades existentes en la actualidad, este libro permite afrontar la realidad femenina desde un enfoque emocional y práctico, que sirve de entrenamiento para superar los obstáculos del día a día desde una perspectiva crítica y realista.

Hay dos asignaturas pendientes que, si bien son comunes a toda la sociedad, resultan especialmente imprescindibles para la mujer del futuro: la autoestima y la solidaridad.

La asertividad, objeto y objetivo del presente libro, constituye una de las claves para generar autoestima y construir un escenario de solidaridad en el universo femenino que, desde el crecimiento personal, posibilite un espíritu integrador y constructivo.

Desde este enfoque, se ofrece una perspectiva esperanzadora que, a pesar de las adversidades del momento, plantee cambios estructurales más allá de las medidas coyunturales, que suelen ser la respuesta habitual desde criterios interesados y cortoplacistas que se agotan en sí mismos sin solucionar los problemas reales.

Efectivamente, hasta ahora la respuesta a los problemas que afloraban en materia de género se planteaba desde un punto de vista coyuntural para acallar cualquier impacto negativo que se pudiese generar, pero sin solucionar realmente la cuestión de fondo.

Solo este enfoque basado en el crecimiento personal en clave interna ofrece una salida válida y duradera más allá de las políticas de moda, precisamente por estar dirigido al SER, que permanece, frente al TENER, que resulta fácilmente manipulable en el tiempo en función de los intereses de quien ocupe el poder.

Todo ello requiere priorizar el desarrollo interno para que dé respuesta a cualquier situación externa, en vez de ampliar solo el conocimiento de la realidad exterior, el «tener», y competir ferozmente por ella.

Desde este punto de vista, en el que se inscribe este libro, seremos capaces de crear un futuro mejor para todos, en el que seamos PRIMERO, PERSONAS Y DESPUÉS, MUJERES U HOMBRES capaces de sumar y multiplicar en vez de restar y dividir entre nosotros.

Por último, quiero dar las gracias a las autoras por aportar una vía alternativa y posible que ayude a enfocar una realidad mejor para todos.

Gracias Olga, gracias Olga,

PILAR GÓMEZ ACEBO

¿Quiénes somos?

Hay tanto que aprender y hacer en esta vida... ¡Tendré que vivirla varias veces! Mi inquietud por la vida y mis ganas de absorberlo todo me han motivado a buscar las herramientas para entender el mundo y a mí misma como persona y como mujer.

Me he formado a través de diversos cursos y masters enfocados al coaching, la inteligencia emocional y espiritual, la PNL, la gestión del cambio... He trabajado en empresas multinacionales, en pymes, en universidades, también como empresaria, y soy hija, madre, esposa y amiga. En el camino, la vida me ha regalado una sabia enseñanza: he aprendido que, para alcanzar un destino, una meta o un objetivo, simplemente tienes que marcarlo en tu mapa personal, focalizarte y dedicarte con plena conciencia. De esta forma siempre lograrás lo que te propongas. Quizá mi fe radica en la confianza que tengo en las personas, en las posibilidades de desarrollo que veo en ellas, en esa rica paleta de colores que descubro al mirarlas, con sus matices y singularidades, cada una con distinto bagaje y experiencias pero con un gran potencial en su interior.

Además, he aprendido a creer en las relaciones, en esas transacciones permanentes que nutren nuestra vida personal y profesional. Y aquí, en este punto, me he comprometido con las organizaciones y empresas para generar relaciones sanas y eficientes, para que sus líderes se desarrollen plenamente y que de su gestión se obtengan siempre resultados que cubran las necesidades de todos los implicados: la sociedad, los accionistas, el capital humano… La confianza, junto al amor, el compromiso, la libertad y la comprensión, son los cimientos de mi persona y de mi trabajo. Durante más de veinte años he sido empresaria, he dirigido a grupos y a personas y, en momentos de flaqueza, siempre he recurrido a estos valores para recuperar las fuerzas.

Lo único constante en la vida es el cambio, pues es una realidad. Las raíces crecen y se mueven con las sacudidas de la tierra. Su forma es transitoria y frágil ya que se transforma constantemente: es el ciclo de la vida. Yo quería ayudar a las personas, como individuos y como profesionales, a pasar por estos procesos de transformación hacia un nivel de conciencia mayor, y una de las puertas que encontré fue la inteligencia emocional.

La inteligencia emocional me puso «gafas» para mirar la vida desde otras perspectivas; para comprender mejor mis reacciones, observar mis pensamientos, hablar con el cuerpo, trascender las circunstancias. Con ella pude conocer mi grado de autoestima y mis conductas más o menos asertivas. Fue tan transformador para mí que he querido divulgarlo y compartirlo. De modo que aquí estoy, encantada de poder compartir contigo la experiencia vital que transformó mi vida y mi entorno profesional. Espero que te sirva para construir tu propia identidad asertiva.

OLGA CAÑIZARES GIL

Soy licenciada en Psicología por la U. P. Comillas, psicóloga especialista en Psicología Clínica y Psicóloga Europea (EuroPsy).

Hace veintisiete años que me dedico a la Psicología Clínica, mi gran pasión. Creo firmemente en la capacidad del ser humano para crecer y ser feliz e intento ayudar a las personas que acuden a mi consulta a alcanzar sus objetivos. Me considero una mera transmisora de herramientas y, una y otra vez, me quedo admirada de la capacidad y valentía de mis pacientes para salir adelante, cambiar y crecer.

Desde hace veinte años, codirijo el gabinete psicopedagógico Sijé, donde hacemos terapias e impartimos cursos. Dedico un 75 % del tiempo a la terapia y un 25 % a impartir cursos en los que plasmo lo que me enseñan los pacientes día tras día. La temática de los cursos suele estar relacionada con la asertividad y la autoestima y los imparto en nuestro gabinete y en instituciones (universidades, asociaciones, empresas, etc.).

Con el paso de los años me he ido especializando en los temas de asertividad y autoestima que considero vitales para que las personas sientan lo que realmente están llamadas a ser: felices y en paz consigo mismas.

Mi otra gran pasión es la literatura. He tenido la inmensa suerte de poder unir estas dos pasiones (psicología y literatura) para, por un lado, escribir y, por otro, dedicarme al mundo editorial.

Prueba de ello son los ocho libros publicados que versan sobre la asertividad y la autoestima. Los más significativos son *La asertividad, expresión de una sana autoestima* (Desclée de Brouwerd), que actualmente va por la 39.ª edición), *Enséñale a decir No* (Espasa Calpe, 2009) y *Asertividad en el trabajo*, en colaboración con Estela Ortega (Conecta, 2013), que actualmente va por la 3.ª edición).

En esta misma línea, dirijo la colección Serendipity de la editorial Desclée de Brouwer, dedicada a libros de crecimiento personal.

Por encima de todo, además de trabajadora, soy hija, amiga, madre y pareja, es decir, mujer. Y como mujer, te dedico este libro. A ti, que espero que le puedas sacar provecho y que te ayude en tu camino hacia el crecimiento y la libertad.

OLGA CASTANYER MAYER-SPIESS

¿Qué te vas a encontrar en este libro?

Hemos dividido el libro en tres partes. En la primera hablaremos de la relación entre la inteligencia emocional y la asertividad, la primera como marco de trabajo y la segunda enfocada en comportamientos y técnicas específicos. Ambas, en combinación, te ayudarán a desarrollar la identidad asertiva que quieras tener. Hemos buscado una definición general de lo que es para nosotras una mujer asertiva y para ello nos hemos apoyado en aquello que compartimos: las necesidades y los valores. Las necesidades como razones para conseguir metas y los valores como motor, la «gasolina» para el camino. Pero queríamos darte algo real y por eso hemos realizado una encuesta a grupos de mujeres de diversas edades sobre su experiencia con la asertividad en diferentes áreas de su vida.

En la segunda parte del libro desplegamos cada una de las competencias emocionales: el autoconocimiento, la regulación emocional, la autoestima, la automotivación, la empatía y la escucha activa, las habilidades de comunicación y las técnicas asertivas. Son capítulos prácticos en los que podrás identificar tus propias competencias y tus áreas de mejora. En ellos encontrarás ejercicios, reflexiones y sugerencias de cómo trabajar tu propio desarrollo personal para alcanzar el grado de asertividad que quieras conseguir. Hemos vinculado el valor de cada una de las competencias emocionales al entrenamiento de tu propia asertividad.

Pero también nos parecía importante trasladar todo lo aprendido a situaciones de la vida en general. Por eso, la tercera parte del libro está focalizada en cuatro roles de la mujer: como madre, como hija, como trabajadora y como pareja. Aunque somos conscientes de que tenemos muchos más roles, hemos elegido los que consideramos universales y que te ayudarán a identificar los tuyos. Para ello, te contaremos la historia de algunos personajes, como Mireia, Jimena, Manuela…, que nos darán la oportunidad de ver lo que es y lo que no es asertividad. Analizaremos sus pensamientos, sus sentimientos, sus conductas y los resultados que han obtenido en sus vidas. También te sugeriremos ejercicios de aplicación práctica de todo lo que has ido viendo en el libro para que no se quede en mera teoría, sino en un entrenamiento lo más didáctico posible. Aunque se trata de personajes ficticios, ¿podrías ser tú alguno de ellos?

Escribir sobre asertividad es fácil, pero no lo es tanto aportarte herramientas, técnicas y, sobre todo, la conciencia de la importancia de respetarnos y valorarnos. Esperamos haberlo conseguido.

Un abrazo para todas,

OLGA CASTANYER y OLGA CAÑIZARES

PRIMERA PARTE

¿De qué estamos hablando?

1

Inteligencia emocional y asertividad: las grandes aliadas

Pepa ocupa un puesto de mando intermedio en una empresa multinacional. Su jefe y sus compañeros la consideran eficaz, resolutiva y ambiciosa. Habla muy rápido y es algo tajante, por lo que parece tener siempre las cosas muy claras. Tan claras que roza el trato antipático y a veces irrespetuoso con sus subordinados. Su jefe es el único que, de vez en cuando, se pregunta si en realidad no estará más insegura de lo que parece, pues jamás toma una decisión sin consultárselo varias veces y le pregunta detalles que ella sabe de sobra...

El jefe no anda desencaminado. Pepa acude a nuestra consulta por sentirse muy insegura y con la impresión de estar siempre en el punto de mira. Para ella, su rendimiento es su valía: para sentirse válida como persona necesita hacerlo todo perfecto en el trabajo y ser reconocida por ello. Por eso teme constantemente que los demás le vean fallos y la descalifiquen.

Pepa nos cuenta que su madre siempre ha sufrido mucho por no haber estudiado ni trabajado fuera de casa y haber estado supeditada a su marido. El padre de Pepa trataba a su mujer de «tonta e ignorante» y la despreciaba por su incultura. Por eso ella hizo todo lo posible por inculcar a sus hijas la necesidad de estudiar y trabajar, para no acabar siendo «una persona sin valor» como ella.

Charo es profesora. Sus alumnos la aprecian y ella maneja la clase con soltura. No es de las profesoras que se dedican a recitar la lección, sino que busca información interesante para sus alumnos, elabora material propio y siempre está dispuesta a atender a sus alumnos y a los padres, incluso fuera de su horario. Es una persona encantadora, amable y empática, tanto en el trabajo como con sus amistades. Pero sus mejores amigas están preocupadas por ella porque la ven muy estresada. Últimamente casi nunca pueden quedar con ella porque siempre está preparando alguna clase o en la biblioteca consultando información.

Las amigas hacen bien en preocuparse. Hace un tiempo que Charo acude a nuestra consulta por la gran ansiedad que le suponen las relaciones sociales. Quiere estar bien con todo el mundo, no soporta que alguien se enfade o se moleste con ella y, por consiguiente, nunca se niega a ninguna petición ni expresa cómo se siente en realidad.

Charo nos cuenta que se siente culpable respecto a su madre, de la que se ocupa y por la que se preocupa con abnegación. La madre, sin embargo, nunca está satisfecha con ella, siempre hay alguna pega en lo que hace Charo y la compara con las hijas que, supuestamente, se portan como es debido con sus madres.

Vistas desde fuera, nadie diría que Pepa y Charo tienen tanto sufrimiento en su interior. En apariencia, son mujeres independientes, seguras y eficaces en su trabajo.

Como ellas, se podría decir que la mayoría de las mujeres del mundo occidental hoy en día se desenvuelven con naturalidad y sin dificultad aparente. El siglo xx trajo muchos cambios en el concepto que tenían las mujeres sobre sí mismas. «A lo largo de este siglo, estamos asistiendo como espectadoras y actoras (...) a un hecho (...), y es que (...) el reconocimiento subjetivo de sí mismas (las mujeres españolas) está relacionado con una imagen compartida del entorno y de los demás, que las incluye en él como copartícipes, a la vez que comienzan a percibirlo de alguna manera como suyo, bien en su totalidad, bien en muchas de sus áreas. Ya no son invitadas, intrusas o extranjeras en un reducto apartado», constataba Carmen Sáez Buenaventura en 1990.

Fijémonos en las respectivas madres de Pepa y de Charo: subyugadas por una cultura que no las dejaba afirmarse, muestran unas estrategias de supervivencia con las que, a corto plazo, consiguen mantenerse a flote, pero no se sienten plenas ni felices. Hoy en día todo es diferente... ¿O no?

Si observamos el malestar de Pepa, Charo y tantas otras mujeres que acuden a nuestras consultas, podemos concluir que a las mujeres «nos falta un hervor» para ser plenamente nosotras. Nos falta, quizá, tener claro quiénes somos, cuáles son nuestros valores, nuestros derechos como personas y nuestros intereses, tanto a nivel individual como colectivo.

En las conclusiones de las I Jornadas sobre Mujeres y Salud Mental, en 1985, se cuestionaban «las ideas reduccionistas que consideran el psiquismo de las mujeres, derivado exclusivamente de su biología y anatomía». En efecto, las mujeres poseemos nuestra singularidad biopsíquica, marcada por el ciclo menstrual y, si los hay, los embarazos, que hacen que tengamos que estar en constante reajuste con esa realidad física y que nos trae no pocas preocupaciones y malestares. Este hecho ha servido de excusa para que tanto los hombres como las propias mujeres justificaran quejas por injusticias cometidas («debe de tener la regla») o un trato desigual en el trabajo («las mujeres ganan menos porque faltan más al trabajo»).

Sin embargo, continuando con las conclusiones de aquellas Jornadas, «la identidad de la mujer no es algo creado *a priori*, sino el resultado de la búsqueda constante que posibilite el nacimiento de un individuo satisfecho de sí mismo a través de logros diversos».

Esas singularidades biopsíquicas no pueden ser excusa para no intentar ser nosotras o quedarnos ancladas en lo que hemos conseguido, sino que hay que continuar buscando siempre una mayor realización como personas y un sitio justo en la sociedad.

En este libro no queremos enfocar a la mujer con un ojo puesto en el hombre, el trato desigual o las injusticias que podemos sufrir, porque esto supondría seguir dependiendo, aunque sea para culpar, de factores externos a nosotras. Queremos mirarnos a nosotras mismas como seres humanos, con las particularidades biopsíquicas que poseemos, y a partir de ahí alcanzar el sentirnos plenas.

Como bien decía Mary Wollstonecraft en el siglo XVIII,

> No deseo que las mujeres tengan poder sobre los hombres,
> sino sobre ellas mismas.

Este es pues, el objetivo de nuestro libro:

Ofrecer Visión, Información y Herramientas para que la mujer de hoy, de mañana, se construya como la mujer que Ella ha decidido ser.

¿Qué dicen las mujeres hoy en día?

Hemos visto lo que promulgaban las mujeres de hace treinta años, pero ¿qué dicen las mujeres de hoy en día? ¿Somos iguales? ¿Tenemos las mismas pretensiones, deseos y valores?

Con el fin de acercarnos lo máximo posible a ti, que nos estás leyendo en este momento, hicimos una encuesta a mujeres de entre veinte y sesenta años, en la que hemos intentado conocer su realidad en cada tramo de edad.

Les preguntamos, por ejemplo, cómo se sienten respecto a sus parejas, padres, jefes, amistades, y también si se sienten discriminadas y cómo responden si esto ocurre.

A continuación mostramos los resultados y te invitamos a que reflexiones si te sientes identificada y qué significa esto para ti.

En general, parece que las mujeres encuestadas se sienten fuertes y conscientes de sí mismas. Un 50 % dice saber decir «no» sin sentirse culpable y solo un 11 % dice no verse capaz de ello. Se muestran básicamente satisfechas con sus padres, amistades, parejas e hijos.

Un 71,5 % no siente que reciba un trato diferente por ser mujer en la pareja, ni en el trabajo, aunque en este último ámbito el porcentaje baja hasta un 57 %. Sin embargo, el 56 % dice sentir un trato diferente por ser mujer en la sociedad.

Las palabras clave para definir su ideal de relación en la pareja son: respeto, libertad, confianza y afinidad de gustos.

Las palabras clave que definen su relación ideal con los padres son, por este orden: comprensión, respeto, confianza y apoyo.

Las palabras clave que utilizan estas mujeres para definir la relación ideal con sus hijos son: respeto mutuo.

Las palabras clave que definen la relación ideal con sus jefes son: valoración-reconocimiento y respeto.

¿Te das cuenta? La palabra que se repite constantemente es **RESPETO**.

Por último, te mostramos algunas frases que han dicho las mujeres encuestadas ante la pregunta «¿Qué necesitarías cambiar para sentir que tus relaciones son de respeto y valoración?»:

- Respetarme y valorarme por encima de todo lo demás y tomar más distancia emocional en los conflictos.
- Saber expresar mejor lo que siento.
- Hacerme respetar más.
- Expresar mis opiniones respetando al otro.
- Amarme y amar más.

Concluimos que hay un gran deseo de respeto: hacia nosotras mismas, hacia los demás, hacia hacernos respetar... y que estas mujeres, que son una muestra de nuestra sociedad, tienen claro que pueden ser fuertes, protegerse y defenderse... siempre que se amen a sí mismas y a los demás.

La inteligencia emocional como guía para ser asertivas

¿Qué puede faltar para que las mujeres, tú, yo, nosotras, nos veamos plenamente seguras, confiadas, capaces e independientes? Quizá necesitaríamos:

- Conocernos y honrarnos a nosotras mismas.
- Regular adecuadamente nuestras emociones.
- Querernos y valorarnos.
- Ser capaces de motivarnos a nosotras mismas.

- Ser ASERTIVAS: autoafirmarnos desde el respeto y la igualdad.

Imagínate desarrollando todo este potencial. ¿Adónde te llevaría? ¿Serías la misma? ¿Qué cambiaría?

Las 5 capacidades que hemos enumerado se engloban dentro de lo que se llama Inteligencia Emocional. Pero ¿qué es la Inteligencia Emocional? Hay muchas definiciones, pero todas coinciden en estos aspectos básicos:

- Es una capacidad y, por lo tanto, puede desarrollarse.
- Nos habilita para reconocer, aceptar y gestionar todas nuestras respuestas emocionales: emociones, sentimientos, creencias, patrones, actitudes.
- Es una clave fundamental para que podamos conseguir nuestros objetivos personales y profesionales.
- Nos ayuda a construir una relación saludable, sostenible y productiva con nosotros y con los demás.

Si unimos estos aspectos, podríamos decir que la inteligencia emocional es la **capacidad de reconocer, aceptar y gestionar nuestra dimensión emocional para ponerla a nuestro servicio, conseguir nuestros objetivos y construir relaciones saludables con nosotros y con los demás.**

Todas las personas tenemos la capacidad para ser emocionalmente inteligentes, nadie nace sin esa capacidad. Por lo tanto, en cualquier momento podemos aprender, aumentar, pulir o enfocar nuestra inteligencia emocional. Pero en este libro queremos ir más allá. Si vuelves a leer las 5 capacidades que hemos enumerado al principio de este apartado, advertirás que hay una que está resaltada: la Asertividad.

La Asertividad es la capacidad de autoafirmarse, respetándose a sí mismo a la vez que se respeta a los demás.

Se trata de una competencia sumamente importante para nosotras, las mujeres.

Pepa y Charo, de las que hablábamos al principio, no se respetan a sí mismas: Pepa se carga de tensión y estrés para no perder el estatus y el reconocimiento que necesita para sentirse válida, y Charo se carga de culpa y ansiedad para mantener el afecto y la aceptación que necesita para sentirse querida. Pepa, además, puede llegar a ser agresiva con sus subordinados, de modo que tampoco está respetando a los demás.

Con el conflicto que tienen en su cabeza entre necesidades propias, mensajes maternos y expectativas sociales, no les queda espacio para lo único que tendría que importarles: ellas mismas. Están a expensas de los demás, esperando que sus compañeros, madres y amigas les reconozcan su valía y les den la afirmación que tanto necesitan. Así, se sitúan automáticamente en un plano inferior, casi rogando con sus conductas que los demás les ayuden.

Para poder salir de ese conflicto, necesitan ser asertivas, saber presentarse ante los demás como quienes son en realidad, sin miedos. Y para ello tienen que respetarse y honrarse a sí mismas, tener claro que lo que digan o hagan es digno de ser respetado y, a la vez, respetar lo que digan o hagan las demás personas.

Cuando Pepa aprenda a ser asertiva:

- Tendrá claro que ser eficiente no la hace más valiosa, sino que su valía estriba en ser ella, en ser persona.
- No necesitará, por lo tanto, el reconocimiento de los demás porque será capaz de sentirse orgullosa de sí misma y de valorarse.

- No se comportará de forma sumisa ante la evaluación de los demás ni agresiva para demostrar su valía, sino que podrá permitirse autoafirmarse, respetando a la vez a las otras personas.

Cuando Charo aprenda a ser asertiva:

- Tendrá claro que ser siempre complaciente con las necesidades de los demás no la hace más digna de ser querida, sino que ella ya es digna de ser querida por sí misma, por ser persona.
- No necesitará, por lo tanto, el afecto de los demás porque será capaz de quererse y cuidarse.
- No se comportará de forma sumisa ante el afecto que le dispensen los demás, sino que podrá permitirse decir «no» cuando algo sobrepase su equilibrio emocional.

Y para transmitir estas actitudes, ambas utilizarán una conducta verbal y no verbal asertiva.

¿Quieres aprender a ser más asertiva? ¿A quererte y valorarte más, respetarte y comunicarte con respeto? Pues te sugerimos...

Cinco pasos para la asertividad

Igual que ocurre con la inteligencia emocional, nadie nace más asertivo que otro ni con una mayor capacidad para afirmarse y estar seguro de sí mismo. Se trata de pensamientos y conductas que se aprenden. Quizá nos han enseñado a comportarnos de manera sumisa o, al contrario, hemos tenido que aprender a ser agresivas para abrirnos camino en la vida. No importa, en cualquier momento podemos reaprender actitudes nuevas, pensamientos y conductas asertivos que nos lleven a sentirnos plenas. ¿Cómo? A continuación puedes ver los pasos necesarios para llegar a ser una mujer asertiva, que se respeta y se autoafirma:

PASOS PARA LA ASERTIVIDAD
1. Conocerse a sí misma.
2. Aceptarse/gustarse.
3. Diferenciarse de los demás.
4. Tener criterios claros.
5. Actuar asertivamente.

Te proponemos iniciar un camino en el que, con la ayuda de las competencias de la inteligencia emocional, vamos a ir cubriendo estos pasos.

Para *conocerte* bien, te invitamos a que leas y ejercites los capítulos sobre autoconocimiento, valores y regulación emocional.

Para poder *gustarte* de verdad, a la vez que *aceptar* lo que no te satisface de ti, es importante que leas el capítulo sobre la autoestima, pilar de la asertividad.

Para *diferenciarte de los demás* y comunicarte con los que te rodean desde tu independencia y respeto, te invitamos a que leas el capítulo sobre empatía y escucha activa.

Para tener *criterios claros*, que solo te valen y te benefician, te recomendamos que leas el capítulo sobre automotivación.

Y finalmente necesitarás saber cómo actuar de manera asertiva. Para ello, te invitamos a leer el capítulo sobre habilidades de comunicación y el de técnicas asertivas.

¿Nos acompañas en este viaje hacia ti misma?
Entonces, ¡adelante!

Los cuentos de hadas son ciertos no porque nos hablen
de que existen dragones, sino porque podemos vencerlos.

G. K. Chesterton

2

La mujer asertiva

En este capítulo te vamos a mostrar qué significa ser una mujer asertiva. Has podido ver qué es la asertividad y las ventajas de ejercitarla, pero ahora vamos a profundizar un poco más. Para ello, observa las siguientes situaciones:

> *Marina ha estado preparando un viaje que va a hacer con sus amigas. La mayor parte de los preparativos ha recaído sobre ella porque es un viaje que le apetece mucho y porque parece que sus amigas tienen menos tiempo que ella. A la hora de ultimar detalles, una a una, las amigas se van desapuntando del viaje, dándole distintas explicaciones, hasta que Marina se queda sin nadie con quien ir. Para más inri, dos de sus amigas ya se han apuntado a otro viaje más barato.*

Si experimentaras una situación como esta:

¿Cómo te sentirías?

....

....

....

¿Qué pensarías sobre ti, la situación y tus amigas?

....

....

....

¿Qué harías?

....

....

....

Carmen ha estado de baja por una operación de miomas. Cuando vuelve al trabajo, se encuentra con que el proyecto que llevaba se lo han adjudicado a otra persona. Al ir a reclamar a su jefe, este le contesta de muy malas maneras: «Esto es así, el que se fue a Sevilla perdió su silla, y si no, haberte organizado mejor para no dejarlo todo empantanado cuando te fuiste».

Si experimentaras una situación como esta:

¿Cómo te sentirías?

....

....

....

¿Qué pensarías sobre ti, la situación y tu jefe?

....

....

....

¿Qué harías?

....

....

....

Date cuenta de que, en las preguntas anteriores, te sugerimos analizar cómo te SIENTES, qué PIENSAS y qué HACES. ¿Por qué lo hemos hecho así?

Porque son nuestros TRES SISTEMAS DE RESPUESTA, los únicos que tenemos los seres humanos. Somos un círculo indivisible entre pensamiento, sentimiento y conducta, donde cada sistema influye en el otro. Cualquier actitud que tenemos, cualquier reacción, respuesta u opinión está condicionada por nuestros sentimientos, pensamientos y conducta. Es muy útil tenerlos en cuenta a la hora de analizar una dificultad que nos surja y también a la hora de aprender una actitud nueva, como la asertividad.

LOS TRES SISTEMAS DE RESPUESTA

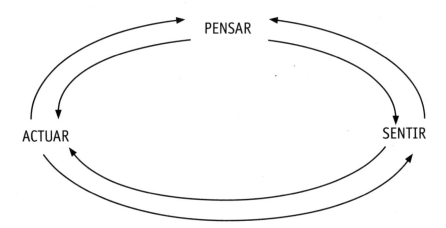

PENSAR

ACTUAR

SENTIR

Si queremos empezar a ejercitar la asertividad, primero tenemos que observar cómo funcionan estos tres sistemas de respuesta en nosotras, para después analizar en cuál tenemos que instaurar nuevas estrategias. Es tan importante que, antes de continuar leyendo, te sugerimos que abandones la lectura de este libro y dediques una semana a observarte.

Para ello, cada noche durante una semana rellena la siguiente tabla, analizando aquellas situaciones en las que te sentiste mal a lo largo del día. Mira si puedes recordar lo que te dijiste, cómo te sentiste y cuál fue tu conducta:

Día	Situación	Qué me dije/ Qué temía	Cómo me sentí	Qué hice

Este registro nos va a servir de punto de partida para analizar nuestras dificultades y para saber qué estrategias utilizar para subsanarlas.

Queremos ser mujeres asertivas, capaces de comunicarnos con respeto hacia nosotras mismas y hacia los demás. Pero ¿lo hacemos realmente?

Algunas personas solo permiten que salga un tipo de sentimientos: la ira, el enfado. Son las llamadas **personas agresivas.** Cuando estamos agresivas, no respetamos al otro y nos hiperrespetamos a nosotras mismas. Los demás nos dan igual. Lo único que queremos es tener razón, controlar la situación, que las cosas salgan como creemos que tienen que salir. Piensa en la última vez que te enfadaste. Tuvieras razón o no, ¿qué era lo más importante en ese momento? ¿Tenías muy en cuenta las razones de la otra persona? ¿Estabas dispuesta a ceder y negociar?

Todas nos enfadamos en algún momento. El problema es cuando adquirimos ese tipo de conducta para cualquier situación de frustración. Entonces reprimiremos todo sentimiento de debilidad, tristeza, dolor... y lo transformaremos en ira, enfado, culpabilización. La ira nos habrá invadido y, a la larga, tendremos una sensación de falta de control.

Hay personas que permiten que salgan algunos sentimientos como la alegría, la satisfacción, la admiración, pero se reprimen otros como el enfado, la tristeza, la ofensa... Son las llamadas **personas sumisas.** Estas no se respetan a sí mismas e hiperrespetan al otro. Con tal de que el otro no se enfade o no las rechace, le dan la razón o se sobreadaptan a lo que creen que se espera de ellas. En la conducta sumisa hay un miedo latente a enfadar, a ser excluido o rechazado...

Todas nos comportamos de manera sumisa en algún momento, cuando tememos la reacción del otro y pasamos por alto nuestras necesidades y demandas con tal de que no se moleste. El problema es cuando la persona tiene la sumisión como única respuesta, ya que constantemente tendrá la sensación de ser pasada por alto, y en primer lugar por sí misma.

Por suerte —o por desgracia— nadie es completamente agresivo ni completamente sumiso... Ni completamente asertivo, aunque a eso es a lo que queremos y debemos aspirar. Estas actitudes forman una línea continua, y depende de las situaciones y de las personas con las que estemos el que nos situemos cerca de un polo o del otro.

Vamos a ver un ejemplo de cómo interactúan los tres sistemas de respuesta en cada uno de los perfiles: sumiso, agresivo y asertivo.

Situación:
María me ha pedido que recoja a su hijo del colegio justo a la misma hora en que voy a casa de mi madre.

PERSONA SUMISA

Pensamiento: «La verdad es que no me viene nada bien recoger a su hijo porque no podría ir a casa de mi madre..., pero si le digo que no, quizá se enfade o no me vuelva a pedir nada. No me atrevo a decírselo».

Sentimiento: culpabilidad, sentimiento de inferioridad, frustración. «¡Siempre me pasa lo mismo! Hago lo que los demás me piden y renuncio a lo que verdaderamente quiero hacer yo.»

Comportamiento: recoger al hijo de María sin dar ninguna explicación.

PERSONA ASERTIVA

Pensamiento: «La verdad es que no me viene nada bien recoger a su hijo porque no podría ir a casa de mi madre…, así que me disculparé contándole los motivos por los que no puedo hacerlo».

Sentimiento: tranquilidad. «Sé que en otra ocasión que pueda hacerlo, lo haré.»

Comportamiento: acudir satisfecha a casa de su madre.

PERSONA AGRESIVA

Pensamiento: «Pero… ¿qué se habrá creído María? ¡Cree que no tengo otra cosa que hacer que ir a recoger a su hijo! ¡Faltaría más que no fuera a casa de mi madre por recoger a "su niño"!».

Sentimiento: enfado, frustración, incomprensión. «No voy. Ya sabe María que todos los lunes por la tarde voy a casa de mi madre, ¡qué cara tiene!»

Comportamiento: ignorar la petición de María y, sin darle ningún tipo de explicación, marcharse a casa de su madre.

Como ves, lo que pensamos repercute en lo que sentimos y en lo que hacemos. Por lo tanto, para aprender a ser asertivas, tenemos que aprender a decirnos contenidos asertivos (pensamientos), a sentirnos asertivas y a comportarnos de manera asertiva.

Bien. Hemos visto las tres posibles respuestas que pueden darse en una misma situación. Sabemos qué sienten, qué piensan y qué hacen las personas sumisas, las personas asertivas y las personas agresivas. Pero vamos a ahondar más en la asertividad. ¿Qué es lo que hace exactamente una persona asertiva? ¿Qué capacidades tiene que le permiten ser respetuosa consigo misma a la vez que con los demás? Mira la siguiente tabla:

La persona asertiva

1. SABE DECIR «NO» O MOSTRAR SU POSTURA HACIA ALGO
   - Manifiesta sus propias ideas hacia un tema, petición o demanda.
   - Explica sus motivos para pensar algo determinado/justifica su postura, sentimientos, peticiones.
   - Expresa comprensión hacia posturas, sentimientos, demandas del otro.

2. SABE PEDIR FAVORES Y REACCIONAR ANTE UN ATAQUE
   - Comunica un problema que desea modificar (cuando lo haya).
   - Sabe pedir cuando es necesario.
   - Pide aclaraciones si hay algo que no tiene claro.

3. SABE EXPRESAR SENTIMIENTOS
   - Expresa gratitud, afecto, admiración...
   - Expresa insatisfacción, dolor, desconcierto...

Te invitamos a que analices una a una estas conductas asertivas. Anota en un papel tu «termómetro de la asertividad». Para cada una de estas actitudes, ¿dónde te sitúas?

SUMISIÓN___|___|___ASERTIVIDAD___|___|___AGRESIVIDAD

¿Y cómo es capaz la persona asertiva de llevar a cabo todas estas conductas? Pues queriéndose y respetándose en primer lugar a sí misma, teniendo sensación de control sobre sus emociones y dominando una serie de estrategias. Pero por debajo de todo, y directamente entroncada con la autoestima, se encuentra la firme convicción de que existen unos derechos asertivos que valen para todo ser humano y que tienen que ser respetados para poder respetarse a una misma y a los demás.

Derechos de la persona asertiva

1. Derecho a ser tratada con respeto y dignidad.
2. Derecho a tener y expresar mis propios sentimientos y opiniones.
3. Derecho a ser escuchada y a ser tomada en serio.
4. Derecho a juzgar mis necesidades, establecer mis prioridades y tomar mis propias decisiones.
5. Derecho a decir NO sin sentir culpa.
6. Derecho a pedir lo que deseo, sabiendo que la otra persona también tiene derecho a decir «no».
7. Derecho a cambiar.
8. Derecho a cometer errores.
9. Derecho a solicitar información y ser informada.
10. Derecho a exigir por aquello por lo que pago.
11. Derecho a elegir no comportarme de forma asertiva.
12. Derecho a ser independiente y decidir si sigo los intereses de otras personas o mis propios intereses.

13. Derecho a poder decidir qué hacer con mi tiempo, mi cuerpo y mi propiedad, mientras no se violen los derechos de otras personas.

14. Derecho a tener éxito.

15. Derecho a gozar y disfrutar.

16. Derecho a descansar y aislarme de la forma que me parezca más adecuada.

17. Derecho a mantener mi postura mientras no viole los derechos de los demás.

18. Derecho a rechazar peticiones sin sentirme egoísta o culpable.

¿Respetas estos derechos para ti misma? ¿Te haces respetar, afirmando estos derechos ante los demás? ¿Respetas a los demás, sabedora de que tienen los mismos derechos que pides para ti misma?

Cada vez que te sientas mal antes, en el transcurso o después de ocurrido un acontecimiento social, repasa uno a uno los derechos y plantéate esas tres preguntas:

¿Te has respetado este derecho a ti misma?

¿Has defendido este derecho ante los demás?

¿Has respetado este derecho en otras personas?

Nuestras creencias

Directamente entroncadas con nuestra conducta asertiva están nuestras creencias.

Lo que nos decimos, los pensamientos que determinan nuestra conducta, no son elegidos al azar por nuestra mente, sino que están dirigidos por unos esquemas, creencias o reglas que están situados en un plano más profundo y que son los que verdaderamente marcan nuestras decisiones y actuaciones.

Ponte a observar las cosas que haces. Muchas de ellas son automáticas, ni siquiera las piensas. Están influidas directamente por tu forma de pensar, por tu forma de creer de lo que eres y no eres capaz, o sea, por tus creencias sobre ti.

Una creencia es una idea o pensamiento que asumimos como cierto.

Decía Henry Ford: «Si crees que puedes, tienes razón. Si crees que no puedes, también tendrás razón».

Enlacémoslo con el objetivo de este libro:

- ¿Crees que eres capaz de decirle «no» a esa persona que tanto te impone?
- ¿Crees que tienes recursos suficientes para abordar esas situaciones que tanto te invaden?
- ¿Crees que puedes poner límite a ese familiar que permanentemente invade tu vida?
- ¿Crees que sacarás fuerzas para poner fin a esa sensación de vulnerabilidad que tienes en tu trabajo?

Sigue haciéndote preguntas sobre las personas o las situaciones que todavía no has podido abordar, por todas esas necesidades que todavía no has podido cubrir. Quizá te des cuenta de que lo que crees sobre ti y sobre el mundo está afectando directamente a tus posibilidades. ¿Qué pasaría si pudieras cambiar esas creencias? ¿Cómo podrías entonces cubrir todas tus necesidades y poner límites a situaciones que tanto malestar e impotencia te generan?

Existe una relación estrecha, por no decir simbiótica, entre las creencias y las reglas de la vida. Las reglas han sido introyectadas* en nuestra infancia y la aplicación de estas en nuestra vida cotidiana las ha convertido en creencias. Ahora bien, a veces estas creencias son buenas para nosotras y nuestro entorno, pero otras veces están formuladas de manera tan extrema o perfeccionista que nos hacen daño y crean en nosotras conductas no asertivas.

El trabajo con las creencias es profundo y transformador. Te invitamos a que trabajes con ellas y te des cuenta de las que rigen tu vida. Para ello, te presentamos un cuestionario** sencillo que te invitará a la autorreflexión y que utilizamos mucho en procesos de coaching.

Aquí tienes un ejemplo de reglas (nuestras reglas) que se han convertido en creencias:

1. Las amigas deben estar siempre disponibles.
2. Mis compromisos laborales son más importantes que mi ocio.
3. Una buena esposa mantiene el hogar en armonía.
4. …

Podríamos seguir, tenemos muchas reglas en cada área de nuestra vida. ¿Cómo crees que estas reglas condicionan nuestra conducta? ¿Crees que podemos cubrir todas nuestras necesidades siguiéndolas?

---

* Proceso psicológico por el que hacemos propias las conductas, los valores, las creencias, especialmente los rasgos de la personalidad de otras personas. Nos identificamos con lo que otros piensan, sienten o hacen.

** Las Reglas de la Vida (Herramienta del Curso Superior de Coaching Ejecutivo, de ICE CORAOPS).

Ahora te toca a ti. Escribe las reglas que sigues en los roles con los que convivimos cada día.

Si eres madre, describe las tres reglas más importantes que sigues como madre:

1) ....

2) ....

3) ....

Describe las tres reglas más importantes que sigues como hija:

1) ....

2) ....

3) ....

Describe las tres reglas más importantes que sigues como amiga:

1) ....

2) ....

3) ....

Si tienes pareja, describe las tres reglas más importantes que sigues como pareja:

1) ....

2) ....

3) ....

Si estás trabajando, describe las tres reglas más importantes que sigues como empleada:

1) ....

2) ....

3) ....

Si tienes personas a tu cargo, describe las tres reglas más importantes que sigues como directiva:

1) ....

2) ....

3) ....

Si eres empresaria, describe las tres reglas más importantes que
sigues como autónoma:

1) ....

2) ....

3) ....

Describe las tres reglas más importantes que sigues con respecto
a la sociedad:

1) ....

2) ....

3) ....

¿De qué te has dado cuenta? ¿Qué quieres mantener? ¿Qué
quieres cambiar?

Observa la cantidad de reglas que están poniendo el marco
de referencia en tu vida. No decimos que muchas de ellas no sean
necesarias, es más, son tan necesarias que gracias a ellas has podido llegar a ser lo que eres hoy; sin embargo, te invitamos a reflexionar sobre si todas ellas son útiles para ti en tu realidad actual.

Quizá se construyeron en ti en un momento de tu vida en el
que pensabas así, pero ¿y ahora? ¿Te ayudan a conseguir ser la
persona que quieres ser? ¿Te respetan en tu singularidad, con tus
gustos, tus valores y tu personalidad?

Para hacer un buen análisis de tus creencias puedes usar lo

que llamamos *preguntas poderosas*. Te dejamos aquí algunas preguntas que pueden ayudarte a hacer un mejor análisis de tus creencias. Te invitamos a recuperar al filósofo que todas llevamos dentro y que está ávido de conocimiento de ti misma. Elige las reglas que consideras que quieres cambiar y selecciona las preguntas que mejor te ayudan a reflexionar.

PREGUNTAS PODEROSAS

- ¿Qué me lo impide? ¿Quién me lo impide? ¿En qué situaciones?
- ¿Quién lo dice? ¿Qué tipo de problemas?
- ¿Siempre? ¿Qué es para mí…?
- ¿Qué me hace pensar que así…?
- ¿Cómo lo sé? ¿En qué me baso?
- ¿Todos? Concretamente, ¿quién lo piensa?
- ¿Qué me detiene?
- ¿Qué me angustia específicamente?
- ¿Nunca? ¿Podría recordar alguna vez en que sí pude?

Como ves, las preguntas provocan en ti una reflexión. Ayudan a que aflore un nuevo conocimiento. Utilizar la técnica de preguntarnos es volver al planteamiento socrático de que la persona puede llegar al conocimiento a través de sus propias conclusiones y no a través del conocimiento aprendido.

Te invitamos a que aprendas a cuestionar tus certezas con *preguntas poderosas*, que deben tener las siguientes características:*

* Manual del CSCE (Curso Superior de Coaching Ejecutivo), ICE CORAOPS.

- Breves: cuantas menos palabras, mejor.
- Abiertas (que la respuesta no sea un SÍ o un NO).
- Que incluyan: qué, cómo, cuándo, dónde, quién…
- Libres de juicios.
- Que se centren en el presente/futuro y tomen del pasado solo la información necesaria.
- En algunos casos, que incluyan un «Para qué» (proyecta al futuro, da sentido, motiva).
- Cuando necesites averiguar, incluye un «Por qué» (habla del pasado, refuerza la creencia, justifica).

Te dejamos para tu reflexión una última pregunta, la más importante para lo que queremos transmitir en este libro:

Tus reglas y tus creencias, ¿en qué medida te motivan para ser asertiva? ¿En qué medida te obstaculizan?

3

Lo que tenemos en común: las necesidades

Antes de comenzar a analizar las competencias de la inteligencia emocional que nos van a llevar a ser mujeres asertivas, vamos a detenernos un momento para ver cuál es nuestro punto de partida.

Hay mujeres que tienen éxito y mujeres que no llaman la atención, hay mujeres con cualidades para las ciencias, otras para las letras, el arte o las ciencias sociales... Hay mujeres felices y otras que no lo son tanto, mujeres deportistas y mujeres sedentarias... ¡Somos tan diferentes!

Y aun así, somos mucho más parecidas de lo que pensamos. Como seres humanos, tenemos más cosas en común que diferencias y es importante darnos cuenta de ello para no dejarnos engañar por el estatus social, la mayor o menor cultura o la inteligencia.

¿Qué tenemos en común todas las personas, seamos del grupo, país o género que seamos?

Todas tenemos unas necesidades que tienen que ser cubiertas para poder desarrollarnos plenamente.

Dice Abraham Maslow en su teoría de la motivación humana que las personas necesitamos satisfacer distintos tipos de necesidades para llevar vidas gratificantes y que dichas necesidades se organizan de forma jerárquica.

La pirámide de Maslow

En la base tenemos las **necesidades fisiológicas**: comer, beber, descansar, satisfacer el deseo sexual, etc. Estas necesidades son primordiales, ya que si no se cubren, la persona muere. En el mundo occidental las tenemos aparentemente cubiertas: no debemos luchar por comer o beber, y cuando queremos, podemos descansar.

Sin embargo, ¿cuántas veces despreciamos nuestro derecho natural a cubrir estas necesidades fisiológicas a favor de «cosas más importantes»? Piensa en alguien que antepone el trabajo o la familia a sus propias necesidades de descanso y desconexión...

Inmediatamente después de las necesidades fisiológicas aparece la **necesidad de seguridad**, de sentirnos protegidas y estables. En nuestro mundo occidental, esta necesidad se delata por deseos como comprar un piso, hacernos un seguro de vida o poner una alarma en nuestro coche. Queremos proteger lo que tenemos. Entre las necesidades de seguridad también se encuentran las de tener una familia, salud, un entorno estable. Por eso, cuando nos separamos o nos detectan una enfermedad grave, nos tambaleamos con fuerza al principio y sentimos que todo se desmorona.

Cuando ya sabemos que podemos sobrevivir y no solo eso, sino además sentirnos seguras, se abre otra necesidad muy peculiar por la dependencia que puede crearnos si no somos conscientes: la **necesidad de pertenencia y afiliación**. Queremos que nos quieran. Queremos tener una «tribu» que nos haga sentir aceptadas. Es importante observar nuestra necesidad de pertenencia y ponerle un marco suficientemente amplio para que nos ayude a desarrollarnos en nuestra tribu pero también suficientemente definido para que no se convierta en algo infinito. ¿A cuántas «tribus» perteneces hoy? ¿Grupos de amigas, tarjetas de fidelización, asociaciones, grupos de ocio…? ¿Qué pasaría si dejaras de pertenecer a alguna de ellas? Nos alegraríamos si tu respuesta fuese «nada».

Seguimos revisando las necesidades de Maslow en su jerarquía y nos encontramos con que, una vez cubierta la necesidad de pertenencia, se despierta la **necesidad de reconocimiento**. Tendemos a desear que los demás, nuestras «tribus», nos reconozcan para que ese reconocimiento nos produzca quizá la satisfacción de sentirnos válidas, con prestigio, o tan solo admiradas. Cubrir esta necesidad, como todas, es bueno para nuestro desarrollo, pero tengamos cuidado también con engancharnos a este reconocimiento y convertirlo en un pozo sin fondo. En realidad, el reconocimiento debería provocar solo una íntima impresión de sentirnos dignas de ser aquello que hemos pretendido.

Por último, Maslow nos habla de la **necesidad de autorrealización** y la describe como un deseo de llegar a ser lo que somos, de desarrollar todo nuestro potencial, nuestros talentos y ponerlos al servicio de la humanidad.

Todas tenemos estas necesidades, tanto de pequeñas como de adultas. Nunca nos abandonan, lo único que hacen es cambiar a medida que vamos cumpliendo años.

Cuando Martita, de 5 años, cambia del llanto desconsolado a la plena felicidad en cuanto ve aparecer a su madre en la puerta de la guardería, sucede lo mismo que cuando Marta, de 15 años, dice que solo se siente realmente bien cuando está en compañía de sus amigas. En ambos casos están aflorando la necesidad de **seguridad** y de **pertenencia**.

Cuando Laurita, de siete años, se siente arropada y feliz cuando su mamá juega con ella y terminan abrazadas sobre el sofá, sucede lo mismo que cuando Laura, de 25 años, se siente plena cuando, un día de primavera, está tumbada con su novio en el césped. Estamos hablando de la necesidad de **afiliación** y, de nuevo, de **pertenencia**.

Y cuando Sarita, de 10 años, se siente la mejor yudoca del mundo al recibir una medalla en los juegos del colegio, sucede lo mismo que cuando Sara, de 40 años, siente que casi crece en tamaño el día que le dicen que la promocionan en la empresa. Estamos hablando de la necesidad de **reconocimiento**.

A lo largo del día nos salen continuamente estas necesidades emocionales. Y pueden ocurrir dos cosas: que se cubra la necesidad o que no se cubra. Sentirás que tu necesidad se está cubriendo cuando estés tranquila, segura y confiada con una persona o en una situación, y que no se está cubriendo cuando te encuentres desasosegada, insegura o desconfiada con una persona o situación. En el siguiente cuadro puedes ver algunos ejemplos de necesidades cubiertas y no cubiertas.

Necesidad	Si se cubre	Si no se cubre
FISIOLÓGICA (hambre, sueño, descanso, sexualidad…)	Satisfacción física Tranquilidad Estimulación	Irritabilidad Desasosiego Apatía
SEGURIDAD (familiar, de trabajo, de casa, de salud…)	Tranquilidad Seguridad Confianza	Miedos (al abandono, a la ruina…) Inseguridad Desconfianza
AFILIACIÓN (amor, amistad, pertenencia...)	Autoestima Unión Aceptación	Soledad Tristeza Sensación de ser diferente
RECONOCIMIENTO (sentirse única, orgullosa, válida...)	Valía Unicidad Visibilidad ante los demás	Invisibilidad Inferioridad Rechazo

Seguro que todas las sensaciones y emociones que están reflejadas en el cuadro te suenan por haberlas sentido alguna vez, aunque sea en un grado mínimo.

Maslow nos da un marco de trabajo estupendo para empezar a reflexionar, pero queremos añadirle algo que supone más gafas para mirar. Son las necesidades psicológicas fundamentales: la **libertad**, el **amor**, la **seguridad**.

Piensa qué sucede cuando notas que no tienes *libertad* en tu casa, en la relación con tu pareja, en tu entorno laboral. El síntoma será un estado de **enfado** habitual. Es necesario detectar cuán grande es nuestro «agujero» de libertad para poder taparlo cuanto antes y evitar esos estados de ánimo tan poco productivos para ti y para tu entorno.

Algo parecido pasa cuando es la necesidad de *amor* la que está sin cubrir. La emoción que aparece es la **tristeza**, de una forma constante y perturbadora. Hay dos cosas que nos importan de forma íntima y profunda a todos: saber que importamos y que aportamos. La necesidad de amor viene a contarnos que uno de estos dos aspectos está sin atender; ¿lo has sentido alguna vez?

Y la *seguridad*, ya nos lo dijo Maslow, es un motor para la acción. Necesitamos sentirnos seguras, de lo contrario, el **miedo** será un compañero habitual cada día.

Te invito ahora a una pequeña reflexión:

- ¿Hay alguna emoción recurrente en tu vida de las tres que hemos mencionado: el miedo, la tristeza o el enfado?
- Si es así, ¿qué necesidad tienes abierta?
- ¿Has observado si habitualmente satisfaces tus deseos o cubres tus necesidades?

Teniendo en cuenta entonces que nos pasamos el día cubriendo necesidades, veamos qué hacemos para conseguirlo y qué mecanismos internos intervienen.

4

Lo que tenemos en común: los valores

¿Qué son los valores? ¿Cómo se constituyen en una de las claves fundamentales para construirnos como las mujeres que queremos ser?

El poder de los valores proviene del hecho de que empiezan a construirse en nosotras sin nuestra intervención consciente y actúan de igual forma. Aunque no son realidades que podamos tocar y ver, ni siquiera se pueden demostrar, su poder nos pide respuestas en forma de acciones o palabras.

Son la piedra angular, el motor que nos mueve. Soportan, como si de columnas se tratara, nuestras creencias. Son una guía que nos permite determinar qué es verdaderamente importante para nosotras y qué no. Nos ayudan a priorizar a la hora de tomar decisiones.

Se trata de principios universales compartidos y aceptados, conductores de la acción, que se encuentran en todas las culturas, en todas aquellas sociedades en las que los seres humanos interactuamos con los demás.

Nos proporcionan pautas para formular metas y propósitos personales o colectivos. Representan los ideales, los sueños y las aspiraciones que son importantes para nosotras, independientemente de las circunstancias. Son importantes por lo que son, por lo que significan y por lo que representan, no por lo que se opine de ellos. Son parte de nuestra identidad como personas.

Si tenemos intención de establecer cierta distancia con lo que nos llega de forma obligada del exterior, necesitamos conocer nuestros valores y también su jerarquía para dejarlos actuar y que nos ayuden a encontrar nuestra libertad y nuestra autenticidad.

¿En qué y cómo nos afectan?

- En la toma de decisiones.
- En cómo actuamos.
- En nuestras relaciones con los demás.
- En cómo percibimos el mundo.
- En lo que extraemos de la realidad, aquello que confirma nuestras creencias.
- En el valor que aportamos a las cosas, a las personas o a las situaciones.

Hace un tiempo creamos la imagen de la página siguiente con algunos de los valores que tienen fuerza para nosotras y que Martin Seligman denomina *fortalezas*. Nos sirven para poder explicarte de qué forma los valores influyen en todo aquello que somos, pensamos, hacemos y decidimos. Esperamos que te inspire para reconocer los tuyos y su influencia.

Si tomamos como referencia uno de ellos, «Amor por el conocimiento», por ejemplo, vemos cómo influye en:

1. Mi pensamiento: quiero formarme en…
2. Mi creencia: necesito formarme para tener valor.
3. Mi actitud: dispuesta al aprendizaje.
4. Mi conducta: compro y leo libros, artículos, revistas.
5. Mi toma de decisiones: me matriculo en cursos, ponencias…

¿Has identificado tus valores? ¿Sabes en qué ranking se organizan?

Nuestro sistema de valores está jerarquizado: unos se priorizan por encima de otros cuando existe un conflicto. Son fuente de motivación y condicionan la toma de decisiones y nuestras acciones como personas y, por supuesto, como mujeres.

A veces sentimos bloqueos, malestar, estrés, decaimiento. Es probable que estas sensaciones intangibles e incomprensibles tengan que ver con decisiones que tomamos, cosas que hacemos o no hacemos, relaciones que soportamos o que no alimentamos, que están en contradicción con nuestros principios o valores.

Dice Jorge Yarce* que nos acostumbramos «a pensar como vivimos y no a vivir como pensamos».

En realidad, deberíamos ser capaces de expresar libre y conscientemente a través de nuestros comportamientos o acciones nuestra forma de ver el mundo y las relaciones. Sin embargo, nuestros hábitos inconscientes no nos permiten elegir en cada momento lo que más se alinea con nuestro sistema de valores.

Aquí entra en acción uno de los derechos asertivos que hemos visto antes: el derecho a decir NO a ciertas propuestas, porque nuestras convicciones nos dicen que no están en línea con nuestra visión de lo que está bien. La pena es que en un clima generalizado de crisis de valores, no encontramos la forma de vivir de acuerdo con lo que somos, y estamos más orientados a hacer o a tener. Este es el reto: traducir los valores en comportamientos y comenzar el circuito para vivir desde el lugar adecuado:

* Jorge Yarce es presidente del Instituto Latinoamericano de Liderazgo. Autor de libros y artículos sobre ética y valores.

Desde nuestro *Ser*, es decir, desarrollando todo nuestro potencial desde nuestra autenticidad y conectadas con nuestros valores, podremos *Hacer* aquellas cosas, tener aquellas relaciones que nos satisfagan y nos nutran. Con estas acciones llegará el *Tener*, no tanto bienes materiales como la sensación de que todo está disponible, y con ello desarrollaremos una mentalidad de abundancia que nos permitirá hacer posible cualquier sueño y, por ende, seremos capaces de cubrir cualquier necesidad.

Lamentablemente hemos vivido siguiendo el circuito de manera errónea. Nos dijeron que teníamos que *Hacer* para *Tener* y entonces *Seríamos*. Esto nos ha llevado a perder, en muchos casos, nuestra identidad. Nos ha creado vacío y desorientación. Ha hecho que, en ocasiones, hayamos sentido que hemos perdido valor, que no somos dignas. La actividad frenética de *Hacer y Hacer* para poder *Tener* ha hecho que nos olvidemos de *Ser*. En ese olvido, nuestros comportamientos han sido muchas veces sumisos o agresivos, engañadas por la falsa idea de que «eran necesarios» para relacionarnos.

Lo más alarmante de una crisis de valores es que los contravalores toman protagonismo. Sembrando contravalores generamos una sociedad en la que, por ejemplo, se tolera la corrupción simplemente porque no hay una ley que la prohíba de forma explícita.

Tener conciencia de nuestros valores y convertirlos en hábitos será el camino más efectivo para seguir el circuito de manera adecuada y, sin duda, hará que cubramos nuestras necesidades, las de Maslow y las psicológicas, esas que nos permitirán reaprender a construirnos como mujeres.

Colocar los valores como cimientos de nuestra cultura y de

nuestra sociedad es una tarea imprescindible. Para ello, no solo se necesita conciencia social, sino también un profundo compromiso personal que nos convierta en referentes en nuestro limitado entorno. Así pues, es necesario que revisemos nuestros mapas mentales, que fueron grabados en nuestra infancia por nuestra familia, nuestro colegio, nuestra cultura, nuestro país.

Necesitamos revisar nuestros prejuicios, nuestras presuposiciones, nuestras idealizaciones. Todo aquello que nos condiciona y nos impide cambiar nuestra percepción de la vida y de lo que realmente es importante y tiene valor, empezando por nosotras mismas. Necesitamos que el amor se convierta en acción. Y, sobre todo, necesitamos rehacer nuestros modelos educativos para que los valores se incorporen de forma estratégica en el desarrollo curricular de los alumnos.

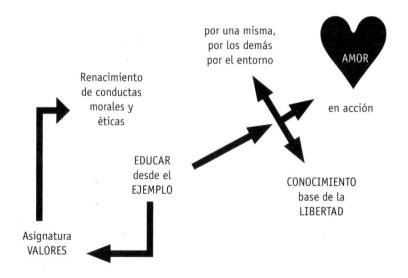

La nueva sociedad

Nuestra construcción como personas, como mujeres, descansa sobre la conciencia del poder que los valores aportan a nuestra existencia. Te invitamos a que reflexiones sobre los tuyos:

1. Registra en un papel los diez valores que consideras más importantes en tu vida.
2. Ahora ordénalos por la importancia que tienen para ti.
3. Recorta trocitos de papel y escribe en cada uno de ellos uno de tus valores. Da la vuelta a tu lista y empecemos el juego.*
4. Imagina que un *ser sobrenatural* te pide una negociación con tus valores y algunos desastres de la humanidad:
   a. Si le entregas un valor, hará que desaparezca el hambre en el mundo. ¿Cuál le entregarías? Siente que le entregas ese valor y arruga el papelito donde esté escrito.
   b. Si le entregas otro valor, no habrá más abuso de animales. ¿Cuál le entregarías? Siente que le entregas ese valor y arruga el papelito donde esté escrito.
   c. Si le entregas otro valor, desaparecerá el cáncer de mama en el mundo. ¿Cuál le entregarías? Siente que le entregas ese valor y arruga el papelito donde esté escrito.
   d. Si le entregas otro valor, no habrá más guerras en el mundo. ¿Cuál le entregarías? Siente que le entregas ese valor y arruga el papelito donde esté escrito.
   e. Si le entregas otro valor, no habrá más pobreza en el mundo. ¿Cuál le entregarías? Siente que le entregas ese valor y arruga el papelito donde esté escrito.

* Inspirado en el «Re-encuadre del Mago» (F. Yuste, *Herramientas de Coaching Personal*, Bilbao, Desclée de Brouwer, 2011).

f. De momento ya has perdido cinco de tus valores. ¿Cómo te sientes? ¿Qué está pasando en ti?

Sigamos negociando con el *ser sobrenatural*:

g. Si le entregas otro valor, desaparecerán las enfermedades infantiles. ¿Cuál le entregarías? Siente que le entregas ese valor y arruga el papelito donde esté escrito.

h. Si le entregas otro valor, no habrá más paro en tu país. ¿Cuál le entregarías? Siente que le entregas ese valor y arruga el papelito donde esté escrito.

i. Si le entregas otro valor, tu familia será salvaguardada de cualquier enfermedad. ¿Cuál le entregarías? Siente que le entregas ese valor y arruga el papelito donde esté escrito.

j. Si le entregas otro valor, tu familia, hijos, padres, pareja no sufrirán ningún contratiempo en la vida. ¿Cuál le entregarías? Siente que le entregas ese valor y arruga el papelito donde esté escrito.

5. Comprueba ahora con qué valor te has quedado, cuál es el que todavía no has arrugado. Ese sin el que aparentemente no puedes vivir, ni respirar. La pregunta es: ¿coincide con el que pusiste primero en tu lista?

Es posible que te haya sorprendido lo que has ido sintiendo. Es una buena forma de experimentar el poder que tienen los valores, que afectan a todas nuestras dimensiones: el cuerpo, la mente, las emociones, el espíritu.

Con esta práctica has hecho una clasificación de los valores que realmente te mueven.

Hay muchas formas de clasificar los valores: éticos y morales; relacionados con las áreas de nuestra vida: el ocio, la amistad, la familia, el dinero, el trabajo, la mente, la salud, la espiritualidad. Nosotras hemos elegido clasificar veinte en función de que sean una fuerza, un motor para dos claves vitales de tu bienestar: tu relación contigo y tu relación con los demás. Como verás, solo hemos seleccionado algunos. Al final del cuadro* te dejamos algunas casillas en blanco por si quieres incorporar los tuyos, los que te mueven a ti.

DIEZ VALORES QUE INFLUYEN EN TU RELACIÓN CONTIGO

	Valor	¿Cómo actúa?	¿Qué aporta?
1	Coherencia	Relacionando nuestro sistema referencial de ideas con nuestros pensamientos, nuestras palabras y nuestras conductas.	Autoridad moral. Integridad. Satisfacción. Armonía.
2	Serenidad	Ayudándonos a tomar distancia de lo que sucede. Nos permite no dejarnos llevar por nuestros sentimientos. Nos da la capacidad de discernir y de reflexionar.	Favorece las relaciones interpersonales. Contribuye a la contemplación y a la comunicación saludable.

* El cuadro está inspirado en los libros *Cien valores para una vida plena*, de Francesc Torralba, y *Valores éticos o fuerzas que dan sentido a la vida*, de Ramón Rosal.

	Valor	¿Cómo actúa?	¿Qué aporta?
3	Aceptación	Favoreciendo nuestra autoestima. Reconociendo nuestras fortalezas y nuestras áreas de mejora. Identificando nuestras necesidades y nuestras posibilidades. Capacitándonos para desarrollar nuestra *resiliencia*.	Fidelidad y comprensión con una misma.
4	Respeto	Impulsándonos a tratarnos a nosotras y a los demás con sumo cuidado. Capacitándonos para tener en cuenta el valor que todos tenemos por el simple hecho de ser personas. Permitiéndonos tener una actitud hacia los demás que considere sus procesos cognitivos, afectivos y motivacionales.	Cortesía. Grandeza. Actitudes educadas. Solidaridad. Comprensión. Desarrollo.
5	Concentra-ción/ Focalizar	Poniendo uno de nuestros sentidos en atención a un objeto, sensación, tarea y a los demás sentidos apoyando. También pone nuestro foco en una idea u objetivo.	Observación. Disciplina. Ideas convergentes. Detalles de la realidad.

	Valor	¿Cómo actúa?	¿Qué aporta?
6	Confianza	Permitiendo creer en lo que pensamos y en que haremos lo que decimos. Actúa también en nuestra percepción de los otros, creyendo y teniendo fe en ellos. Nos libera de responsabilidades cuando se las otorgamos a otros. Se relaciona directamente con la incertidumbre y aquello que no es obvio.	Libertad, sosiego, transparencia, amistad, vínculos productivos y saludables.
7	Libertad	Desarrollando nuestra autonomía. Favorece la autenticidad. Nos impulsa a la conciencia y a la voluntariedad. Desarrolla nuestra voluntad de actuar, pensar y sentir de una manera concreta, la nuestra. Nos capacita para cubrir o no necesidades y deseos. Se apoya en el *respeto* para generar su marco de actuación.	Autodeterminación. Posibilidades. Responsabilidad. Coraje.

	Valor	¿Cómo actúa?	¿Qué aporta?
8	Honestidad	Ayudándonos a pensar lo que pensamos, lo que decimos y lo que hacemos para que no nos dejemos llevar por nuestras pasiones o voliciones, sino por nuestra personalidad y nuestros criterios. Necesita de la libertad para poder desprendernos de prejuicios. Es la piedra angular para modelarnos como las personas que queremos ser. Nos permite reconocer nuestras incoherencias.	Belleza espiritual. Moral. Ética. Confianza. Buenas relaciones. Solidez. Capacidad de influir. Seguridad en nosotras mismas.
9	Responsabilidad	Capacitándonos para responder a las consecuencias de nuestras respuestas. Haciéndonos capaces de asumir nuestros deberes como personas y como componentes de una sociedad. Posibilitando nuestra disponibilidad para las necesidades de otros.	Compromiso. Seguridad. Libertad. Coherencia.

	Valor	¿Cómo actúa?	¿Qué aporta?
10	Amor	Nos da fortaleza para actuar con cualquiera de los otros valores, para hacer el bien en cualquier ámbito que conozcamos. Es la pieza de arranque de nuestro motor existencial. Actúa con diferentes versiones: filial, de pareja, incondicional. Es un estado de nuestro *Ser*.	Fuerza. Paz. Tranquilidad. Alegría. Poder. Bienestar. Abundancia. Relaciones profundas y saludables. Solidaridad.
11			
12			
13			
14			

DIEZ VALORES QUE INFLUYEN EN TU RELACIÓN CON LOS DEMÁS

	Valor	¿Cómo actúa?	¿Qué aporta?
1	Gratitud	Capacitándonos para reconocer la aportación que otros hacen en nuestra vida. Desarrollando nuestra intención de hacer el bien como práctica del agradecimiento. También nos permite reconocer los bienes y dones que hemos recibido.	Humanidad. Unidad. Humildad. Alegría.

	Valor	¿Cómo actúa?	¿Qué aporta?
2	Respeto	Impulsándonos a tratarnos a nosotras mismas y a los demás con sumo cuidado. Capacitándonos para tener en cuenta el valor que todos tenemos por el simple hecho de ser personas. Permitiéndonos tener una actitud hacia los demás que considere sus procesos cognitivos, afectivos y motivacionales.	Cortesía. Grandeza. Actitudes educadas. Solidaridad. Comprensión. Desarrollo.
3	Amistad	Generando un tipo de relación con los demás. Propiciando un vínculo distintivo con respecto a otras relaciones. Creando afecto y comunión entre personas.	Disponibilidad, fidelidad, lealtad, generosidad. Caricias emocionales. Antídotos contra la soledad.
4	Hospita-lidad	Nos predispone a recibir al otro y hacerle sentir bien en nuestro mundo permitiéndole vivir con autenticidad. Desde el corazón, desde el ser. Rompe fronteras físicas, mentales, emocionales y espirituales.	Atención humana. Enriquece nuestro mundo. Generosidad. Gratitud. Fraternidad.

	Valor	¿Cómo actúa?	¿Qué aporta?
5	Perdón	Nos permite reconstruir el vínculo que teníamos con el otro. Nos ayuda a reescribir la historia que sucedió, a reconciliarnos con el pasado, a comenzar de nuevo. Nos ayuda a olvidar los agravios.	Fortaleza. Tolerancia. Humildad. Liberación.
6	Escuchar	Desarrollando en nosotras una actitud que da protagonismo al otro cuando lo necesita. Capacita a nuestros cinco sentidos para comprender la vivencia del otro. Hacer crecer nuestra paciencia. Nos ayuda a desprendernos de nosotras mismas.	Enriquecimiento. Paciencia. Empatía. Relaciones afectuosas.
7	Tolerancia	Nos ayuda en la convivencia con libertad. Nos ayuda a asumir las diferencias con los demás. Nos enseña a discernir lo que sí y lo que no queremos tolerar.	Comprensión. Humanidad. Hermandad. Apertura.
8	Discreción	Genera en nosotras conciencia. Posibilidad de frenar y no decir todo lo que sabemos,	

	Valor	¿Cómo actúa?	¿Qué aporta?
		pensamos o intuimos. Nos desarrolla para saber mantenernos al margen cuando las circunstancias lo piden. Nos impide captar la atención de los demás cuando no es nuestro lugar.	Modestia. Perspectiva. Escucha. Humildad. Elegancia.
9	Genero-sidad	Nos impulsa para dar lo que somos y lo que poseemos. Nos ayuda a cooperar y a contribuir a crear entornos de convivencia. Usa el amor como principal ingrediente. Nos muestra la posición interna de servicio a los demás.	Unidad. Convivencia. Gratitud. Grandeza. Templanza. Libertad. Alegría.
10	Amor	Nos da fortaleza para actuar con cualquiera de los otros valores, para hacer el bien en cualquier ámbito que conozcamos. Es la pieza de arranque de nuestro motor existencial. Actúa con diferentes versiones: filial, de pareja, incondicional. Es un estado de nuestro *Ser*.	Fuerza. Paz. Tranquilidad. Alegría. Poder. Bienestar. Abundancia. Relaciones profundas y saludables. Solidaridad.

	Valor	¿Cómo actúa?	¿Qué aporta?
11			
12			
13			
14			

Hemos repetido el valor del amor en las dos clasificaciones porque consideramos que es el VALOR motor para cualquier relación, posición, actitud, comportamiento que necesitemos para construirnos como personas, como mujeres.

Ahora te toca a ti completar la tabla. Puedes llegar hasta catorce o seguir investigando todos los valores que te mueven, que te alimentan. Comprueba que lo que aportan cubre todas tus necesidades. Qué estupendo sería poder vivir con la conciencia puesta en ellos, ¿verdad? ¿Qué necesitas? ¿De qué o de quién depende?

En el siguiente gráfico resumimos todo lo visto hasta ahora. Observa que la toma de decisiones es el momento en el que puedes influir en tus conductas. En los siguientes capítulos te contaremos cómo actúan y qué resultados producen en tu autoestima y en los demás.

Es en la toma de decisiones donde tu capacidad de elegir tendrá diferentes resultados para ti. Si escoges la opción de desconectar tu «automático» y observas qué necesidad estás cubriendo, es posible que elijas cubrir tu deseo, pero quizá, en algunas ocasiones, el deseo no sea lo más productivo, sino detenerte y observar qué necesidad está abierta y qué es lo que realmente va a resultar útil para cubrirla, teniendo en cuenta con qué valor estás alineando tu decisión y si alguna de tus creencias está apoyando o limitando que lo consigas.

¿Cuán útil te resulta esta información? ¿Qué va a cambiar en tu vida si puedes entrenar este proceso?

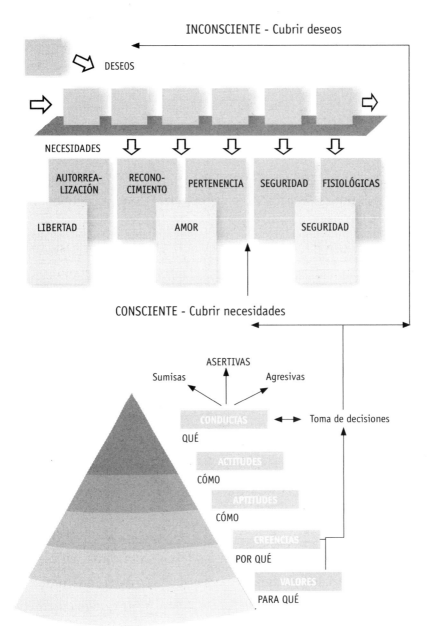

Segunda parte

Las competencias de la inteligencia emocional necesarias para la asertividad

5

Autoconocimiento

Conocernos es algo que siempre está presente en nuestros anhelos. Comienza en nuestra juventud cuando tenemos que mostrarnos de esta o aquella manera para ser aceptadas en nuestra «tribu», y no solo mostrarnos, sino también pensar, sentir, hacer de una determinada forma que encaje en los patrones de conducta de nuestro entorno más cercano.

Aquí empieza todo un mundo de contradicciones: no siempre digo lo que pienso ni mucho menos lo que siento, y termino haciendo cosas que nada tienen que ver conmigo. Luego, por la noche, me pregunto «para qué» he estado con unas amigas a las que no puedo soportar.

Pero ¿qué pasa si queremos ser nosotras? Muchas veces no sabemos por dónde empezar. Somos la pieza de un puzle que encaja perfectamente con los demás: con la familia, con la pareja, con el trabajo. Con frecuencia estamos cansadas de la posición que hemos adoptado en dicho puzle y esperamos que alguna de las piezas de alrededor se mueva: «Espero que mi padre me comprenda...»; «Espero que mi jefe sea más receptivo...»; «Espero que mi amiga me respete...». Sin embargo, es una espera improductiva. Las cosas no van a cambiar.

Y ahora observa qué pasaría si decides cambiar tú. ¿Qué ocurriría con el resto de las piezas del puzle? Si te mueves de posición, no tendrán más remedio que moverse. Y claro, muchas de ellas no querrán encajarse en tu nueva posición. Oirás cosas como: «Es que tú antes…»; «Tú no eras así…»; «Tú siempre…»; «¿Por qué haces esto?»… Muchas personas de tu entorno caerán, dejarán de estar en tu vida; otras se adaptarán a tu nueva posición, y lo más interesante es que aparecerán nuevas personas que encajarán a la perfección con lo que tú has decidido ser.

Este es un punto de partida para comenzar un autoconocimiento saludable. Reconocer nuestra posición en el puzle de nuestra vida. Eso sí, cualquier movimiento no va a ser gratis. Tendrá un coste y ahí está tu libertad para decidir si quieres pagar el precio o no. Y también tendrá un premio, **ser tú misma**, respetarte y valorarte, y es aquí donde empezará a ponerse en marcha tu asertividad. Ya verás cómo.

En realidad, desarrollar nuestra competencia de autoconocimiento va a ser un trabajo sin fin. Nunca acabaremos. A medida que vamos descubriendo lo que somos, nos vamos encontrando con fortalezas, con recursos que nos permiten abordar nuestras circunstancias desde otra perspectiva.

El autoconocimiento es un proceso de introspección vivo, en el que vamos a descubrir, de una forma consciente, lo que nos gusta, lo que necesitamos, nuestros más íntimos deseos. Conocerse es identificar nuestras creencias, nuestros valores, es respetar nuestro cuerpo, nuestras emociones, nuestra espiritualidad.

Pero claro, esto de autoconocerse suena a filosofía. ¿Cómo voy a empezar de forma práctica y, lo más difícil, cómo continúo?

Aquí aportamos varias perspectivas:

1. Autoconocerse a través de **cinco dimensiones** con las que nos relacionamos, con nosotras y con el mundo.
2. Autoconocerse a través de un **análisis FALM**.
3. Autoconocerse a través de una reflexión personal contrastada con los demás: la **Imagen Pública**.
4. Autoconocerse a través de la **Línea de la Vida**.
5. Autoconocerse a través de tu **Mandala personal**.

Ahora te proponemos que practiques cada una de ellas.

Las cinco dimensiones de la persona

Reflexiona sobre cada una de las dimensiones que se describen a continuación.*

---

* Las cuatro primeras están inspiradas en el libro *Quiero aprender a conocerme*, de O. Cañizares y D. Delgado.

1. **La dimensión mental:**
   - Cómo piensas: ¿qué tipo de pensamientos tienes?, ¿negativos o positivos?
   - Cómo interpretas tus circunstancias: ¿te sientes víctima o protagonista de tu vida?
   - Cómo tomas decisiones: ¿te sientes segura cuando tomas una decisión o dudas con frecuencia?

2. **La dimensión emocional:**
   - Cómo reconoces tus emociones: ¿identificas la alegría, la tristeza, el miedo, el asco, el enfado, la sorpresa?
   - Cómo construyes tus sentimientos: cuando identificas una emoción ¿qué pensamientos aparecen? Por ejemplo, si te sientes triste, ¿piensas en tu malestar y entonces construyes sufrimiento, o te das tiempo para que la tristeza desaparezca?
   - Cómo abordas la culpa: ¿cómo te sientes cuando no consigues ser la persona que quieres ser?
   - El resentimiento: ¿qué sientes cuando los demás no cubren tus expectativas?
   - El sufrimiento: ¿cuánto tiempo se queda contigo la tristeza, o el enfado, o el miedo? ¿Cómo regulas tus emociones?
   - ¿Cómo regulas tus estados emocionales?

3. **La dimensión corporal:**
   - Cómo te relacionas con tu cuerpo: ¿cómo escuchas las señales de tu cuerpo? ¿Cómo es tu relación con la salud? ¿Y con la enfermedad?
   - Cómo te muestras a los demás: ¿cuál es tu estilo personal? ¿Qué valor le das a tu imagen?

4. **La dimensión espiritual:**
   - ¿Qué preguntas te haces sobre el sentido de tu vida?
   - ¿Qué experiencias tienes sobre la trascendencia de tus acciones?

5. **La dimensión social:**
   - Cómo te relacionas con los demás: ¿cómo te sientes en tus relaciones personales? ¿Qué concepto tienes de ti sobre tu relación con los demás? ¿Cómo son tus relaciones: dependientes, independientes, interdependientes?
   - Cómo son tus conductas con los demás: ¿sumisas, agresivas, asertivas?

Estos son los primeros pasos para autoconocernos. Ahora tenemos que identificar cómo «amamos» lo que somos. Esto nos dará una primera información de cómo está construida nuestra autoestima y, sin lugar a dudas, si nuestra autoestima es alta estaremos preparadas para tener respuestas asertivas con nuestro entorno. De lo contrario, si la conclusión es que lo que sabemos de nosotras no lo apreciamos, difícilmente podremos respetarnos y valorarnos, que son las dos claves nucleares de la asertividad.

De alguna manera, siempre vamos a encontrarnos con que la autoestima-asertividad afectan a cualquier competencia emocional que queramos desarrollar.

Vamos a proponerte diferentes herramientas para que te conozcas mejor.

Análisis FALM

Es un análisis sobre tus Fortalezas, tus Áreas de Mejora, tus Logros y tus Metas. Te invitamos a que completes este cuadro sobre ti:

FORTALEZAS	METAS
LOGROS	ÁREAS DE MEJORA

Este análisis recuerda el DAFO (Debilidades, Amenazas, Fortalezas y Oportunidades), la herramienta utilizada universalmente para conocer un producto o un mercado. Nosotras te proponemos algo diferente. Conocer tus fortalezas para apoyarte en ellas y conseguir tus metas. Identificar tus logros para generar autoconfianza a la hora de abordar tus áreas de mejora. Hablaremos de nuevo sobre tus logros en el capítulo de automotivación.

¿Qué sabes ahora sobre ti que no sabías antes? ¿Qué sientes cuando vas tomando conciencia de quién eres? El autoconocimiento es un viaje sorprendente y nos permite tener un punto de partida para reconstruir aquellas actitudes, conductas y pensamientos que no están ayudándonos a ser quienes queremos ser.

La imagen pública

Vamos a por otra perspectiva complementaria y sorprendente. La opinión que los demás tienen de nosotras. A veces, vivimos inmersas en una rutina de pensamientos, de hábitos y de acciones y no nos damos tiempo para contrastar nuestras vivencias con las que los demás tienen sobre nosotras. Es muy enriquecedor tener de vez en cuando una conversación con un amigo y actualizar la relación. Reflexionar juntos sobre lo que esperamos el uno del otro y lo que funciona o no de nuestra forma de relacionarnos. Para conocerte mejor, te invitamos a que realices este ejercicio con las personas de tu entorno. Lo llamamos la Imagen Pública. Es enriquecedor, genera vínculo, motivación y nos da la oportunidad de conocer el «eco» que dejan nuestras conductas.

Se trabaja de la siguiente forma:

Elige entre tres y cinco personas de tu entorno profesional/ personal que son importantes para ti y de las que valoras su opinión.

Pídeles que te indiquen tres fortalezas, tres áreas de mejora y tres logros que hayan observado en ti. Este ejercicio de autoconocimiento se puede hacer de una forma aséptica enviando un formulario a las personas que hayas elegido, pero nuestra sugerencia es que quedes un día con ellos, te tomes un té o un café y charles animosa y sinceramente con ellos. Es importante que les des la oportunidad de expresarse con honestidad y que, por tu parte, recojas aquellas cosas que te aporten. Ya sabemos que las opiniones de cada uno están condicionadas por su mapa mental, sus creencias, sus experiencias, e incluso su propia personalidad.

El objetivo es que, una vez que hayas identificado tus fortalezas y tus áreas de mejora con el análisis FALM, obtengas la opinión de terceras personas que puedan completar o variar lo que sabes de ti.

Si realizas este ejercicio, tendrás una idea mucho más completa de lo que necesitas para comenzar a trabajar todos aquellos aspectos de ti que son necesarios para conseguir tus metas.

Es importante que cada fortaleza, área de mejora o logro que destaque esté acompañado de hechos, evidencias o situaciones concretas que lo fundamenten.

FORTALEZAS	EJEMPLOS-HECHOS
ÁREAS DE MEJORA	EJEMPLOS-HECHOS
LOGROS	EJEMPLOS-HECHOS

Será fundamental, para ti y para la otra persona, que le agradezcas sus aportaciones porque generará un vínculo muy saludable y cálido entre vosotros.

¡Cuánta información sobre ti! Fíjate que todo lo que te proponemos está a tu alcance, son reflexiones que cualquiera puede hacer y, sin embargo, nos pasamos la vida sin ser conscientes de todo nuestro potencial. A veces, esta falta de conciencia nos coloca en un lugar de sumisión respecto a personas y situaciones porque no hemos identificado de forma consciente nuestras fortalezas y nuestros logros. Esta sumisión termina dañando nuestra autoestima y, por ende, nuestra capacidad de conseguir nuestros anhelos y de sentirnos bien con nosotras mismas. De nuevo aparece la asertividad como conducta saludable y productiva. Es como un círculo: si me conozco, puedo respetar y valorar lo que soy, y si respeto y valoro lo que soy, invocaré el respeto y la valoración de otros. De esta forma, ese respeto y esa valoración sobre nosotras que tiene el entorno cuando nuestras conductas son asertivas, alimentan y nutren nuestra autoestima y nos permiten, de nuevo, tener conductas asertivas. ¡Qué círculo tan productivo, ¿verdad?!

La línea de la vida

Seguimos en el camino del autoconocimiento. ¿De qué te has dado cuenta hasta ahora? ¿Qué sabes más de ti ahora que cuando empezaste a leer este libro?

Hasta ahora hemos analizado tu realidad actual, como una fotografía de quién eres hoy. Pero sabemos que lo que somos hoy tiene que ver con lo que fuimos y con lo que vivimos. Las experiencias han dejado en nosotras una huella que, en algunos casos, ha influido en nuestra forma de pensar o de actuar. Para identificar todas aquellas vivencias que dejaron su herencia en nosotras, trabajamos con una herramienta que llamamos La Línea de la Vida. Es un ejercicio de autorreflexión que, una vez realizado, puedes compartir con alguna amiga o amigo. Al contarlo, te darás cuenta del peso que tiene en ti.

Se realiza con «hitos» que recuerdas desde que naciste. Se trata de establecer períodos de tu vida y reconocer situaciones que dejaron un recuerdo especialmente intenso en ti que puedes traer a tu momento actual.

En el ejemplo que te mostramos, hemos destacado algunos hitos, pero cada punto marcado en la línea sería un evento vital que puedes recordar como algo importante.

Para realizarla no hay pautas concretas, cada una de nosotras valoramos la importancia de nuestros recuerdos y cómo influyeron a lo largo de nuestra vida, pero te damos un pequeño guion que puede ayudarte:

- **Momentos vitales:** muertes, matrimonio, nacimientos…
- **Momentos relevantes:** estudios, viajes, cambios de ciudad o país…
- **Momentos de crisis:** profesión, separación, economía, enfermedad…
- **Momentos de cambio:** puntos de inflexión en los que hay un antes y un después.

Aunque aparentemente este ejercicio es muy sencillo, no es habitual que nos detengamos a pensar sobre nuestra vida, y mucho menos a encontrar un hilo conductor. Es posible que aparezca alguna dificultad para ordenar los acontecimientos de forma cronológica; no te detengas por eso, continúa y déjalo más o menos colocado en la línea del tiempo. Lo importante es que identifiques lo que significó para ti y cómo modificó tu forma de estar en la vida.

Si has ido ejercitando las propuestas de reflexión que te hemos sugerido, tendrás ya una buena cantidad de información sobre ti misma. La buena noticia es que esto no termina. El autoconocimiento es una de las competencias emocionales de nuestra inteligencia intrapersonal (o nuestra relación con nosotras) y, aunque una vez que hemos abierto el camino surge mucha información, nuestra capacidad de adaptación a los cambios hace que se modifiquen permanentemente nuestras conexiones neuronales, que aparezcan nuevos recursos para adaptarnos, que nuestras certezas se cuestionen y que la clasificación de nuestros valores modifique

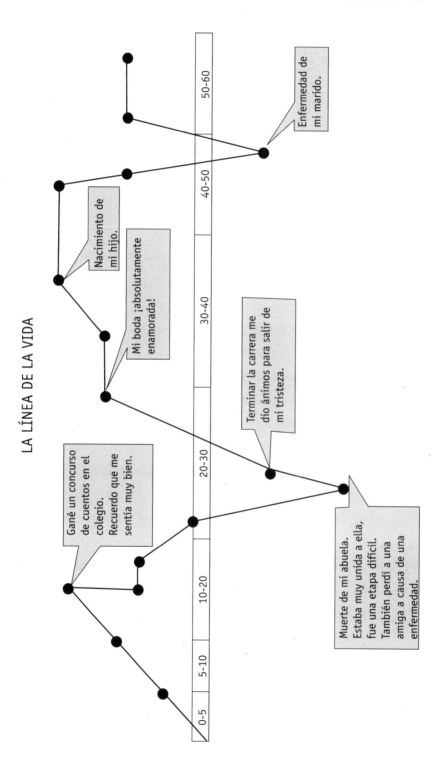

LA LÍNEA DE LA VIDA

sus posiciones. En realidad, nunca acabamos de conocernos. La decisión de comenzar un proceso de autoconocimiento es de por vida y nos brinda la posibilidad de darnos cuenta, en cada momento, de si estamos siendo la persona que queremos ser.

El mandala*

Y para identificar hacia dónde vamos, cuál es nuestra **visión** de nosotras hacia el futuro, cómo queremos sentir, pensar, hacer, te presentamos otra gran herramienta que te ayudará a saber más sobre tus anhelos, tus sueños, tus metas. Se trata del mandala personal (aunque también puedes utilizarlo para tu vida profesional). Es un instrumento de reflexión que te ayuda a alinearte contigo y con tus objetivos. Se utiliza en los procesos de coaching cuando la persona quiere plantearse cambios significativos en su vida personal o profesional. Tiene el poder de transformar la manera en la que nos relacionamos con nuestro presente y, por lo tanto, abre nuevas posibilidades. La visión es más que un sueño, es el resultado de nuestros sueños puestos en acción. Podemos afirmar que la visión es algo así como un sueño con patas. Por eso decimos que una visión sin un plan de acción se queda solo en un sueño.

La visión inspira y alienta a la acción en el presente, creando nuestra imagen de futuro. Es una declaración de aquello que queremos y nos motiva a conseguirlo.

Los sueños enfocan la visión, y la visión enfoca hacia un objetivo, con el que estamos muy comprometidos.

* Manual del CSCE (Curso Superior de Coaching Ejecutivo), ICE CORAOPS.

Cuanto más alineada y conectada esté la visión con la esencia o identidad de nosotras mismas, mejor fluiremos con ella y nuestros comportamientos ganarán en coherencia.

Cuando tengamos nuestra visión definida, nuestros cinco sentidos estarán más abiertos a recibir señales que nos alinearán con nuestra visión. Parece que todo se pone a favor para que la visión que hemos definido se acerque a nuestra realidad.

Este estado de compromiso y de fluir, donde experimentamos que los sucesos están conectados, se llama «sincronicidad».

Si decides involucrarte en este ejercicio, sentirás que te has hecho un regalo porque has permitido plantearte e incluir en tu visión todo aquello que te gustaría incluir en tu vida personal y profesional.

La forma de realizarlo es la siguiente:

Mediante un ejercicio de visualización, plantéate un viaje en el tiempo en X años. Desde ese lugar, representa en un *collage* cómo es tu vida personal y profesional.

Para concretarlo, utiliza imágenes de revistas y pégalas en una cartulina representando de manera figurada la respuesta a las preguntas que se plantean en cada cuadrante (véase el cuadro de la página siguiente).

Es más útil inspirarse a través de las imágenes, es decir, que la imagen te escoja, te seduzca sin tener ideas preconcebidas, que buscar imágenes concretas. Se trata de sustituir la racionalidad por la ensoñación y mantener el pensamiento abierto, sin limitaciones. Una imagen nos puede seducir por su color, composición, posición de las figuras, etc.

Al ejercicio de *collage* le puedes añadir:

- Un refrán, expresión popular o dicho.
- Una frase inspiradora.
- Un libro, una canción, unos versos.
- Una máxima, un eslogan.

CUADRANTE 1	CUADRANTE 2
Ya estoy en el futuro y lo describo como si viviera en él. Estoy en la situación ideal de mi vida.	Para llegar a ser la persona que soy, tuve que aprender cosas, incorporar otras, conservar aquello que me servía, desarrollar habilidades, competencias…
CUADRANTE 3	CUADRANTE 4
Dejé atrás los lastres y frenos que me impedían avanzar, superé obstáculos, aclaré situaciones y abandoné mis miedos.	Sé lo que me da la energía, lo que me pone en marcha. Lo que me estimula.

1. MI VISIÓN	2. APRENDIZAJE
Estoy en el futuro, en la situación ideal, y la describo como si estuviera allí: ¿Dónde me veo en X tiempo? ¿Qué estoy haciendo? ¿Con quién me relaciono? ¿Cómo me perciben los demás? ¿A qué retos me enfrento? ¿Qué proyectos acometo? ¿Qué valores tengo? ¿Cómo me siento?	Lo que he aprendido, incorporado, desarrollado, conservado, etc. para lograr mi visión: ¿Qué he aprendido? ¿Qué competencias nuevas tengo? ¿Qué parte de mi forma de ser ha cambiado o mejorado? ¿Qué puedo hacer ahora que antes no podía? ¿Qué he conservado? ¿Qué rasgos de mi personalidad me han permitido llegar hasta aquí?
3. LASTRES	4. ENERGÍA
Frenos, obstáculos, miedos que me impedían avanzar y he dejado atrás para lograr mi visión: ¿Qué me quita energía? ¿Qué lastres o frenos me quedan por soltar? ¿Qué pensamientos o costumbres me impiden realizar los cambios? ¿Qué retos o dificultades tuve que afrontar para llegar a ser como soy? ¿Qué relaciones he tenido que desarrollar para producir los cambios de mi visión?	Aquello que me pone las pilas: ¿Qué me da energía? ¿Qué me estimula a seguir aprendiendo? ¿Qué hago para mantener la energía día a día? ¿Qué elementos, personas o cosas son importantes para mantener elevado mi nivel de ilusión y motivación? ¿Qué emociones he tenido que aprender o desaprender para cumplir mis compromisos? ¿Qué frase, canción, imagen, LO QUE SEA, se ha convertido en el lema de mi vida?

Una vez finalizado el ejercicio, haz una declaración de tu mandala para maximizar la efectividad de la visión y afianzar tu compromiso con ella.

6

Regulación emocional

Cuando estoy triste lijo mi cajita de música,
no lo hago para nadie, solo porque me gusta.
Hay quien escribe cartas, quien sale a ver la luna,
para olvidar yo lijo mi cajita de música.

Cajita de música
José Pedroni y Damián Sánchez

¿Y tú? ¿Qué haces cuando estás triste? ¿Y cuando estás enfadada?

Cuando estoy triste...
Me digo:
....
....
....

Hago:
....
....
....

Cuando estoy enfadada…
Me digo:

....

....

....

Hago:

....

....

....

Cuando me siento herida…
Me digo:

....

....

....

Hago:

....

....

....

Cuando estoy tensa por algo que va a ocurrir…
Me digo:

....

....

....

Hago:

....

....

....

Cuando estoy frustrada…
Me digo:

....

....

....

Hago:

....

....

....

¿Te ha resultado fácil responder? Si has podido rellenar todas las respuestas sin dificultad, ¡enhorabuena! Reconoces tus emociones, las aceptas y tienes recursos para atenderlas. Apuntar lo que te dices y haces te servirá para recurrir a lo anotado cuando estés tan abrumada que no se te ocurra qué hacer con tus emociones.

Por desgracia, hay muchas personas a las que este pequeño cuestionario las deja perplejas. No saben qué poner. A veces porque no les resulta fácil reconocer sus emociones; otras, porque intentan a toda costa reprimirlas, negarlas, hacer que desaparezcan ¡ya!

Comprueba si estás satisfecha con tus respuestas. ¿Te gusta actuar así? ¿Te gustaría reaccionar más… o menos…?

Emoción frente a sentimiento

Antes de continuar, vamos a aclarar los conceptos de «emoción» y «sentimiento», que con frecuencia se prestan a confusión.

La **emoción** es una reacción neurológica cuya función es ayudarnos a sobrevivir. Dependiendo de cómo percibamos la realidad, la amígdala, situada en el sistema límbico del cerebro, accionará una emoción u otra, que nos llevará a comportarnos de una forma u otra. Esto no es del todo irracional, sino que depende también del significado que le demos al estímulo que nos llega. Hace unos años, si hubiéramos oído un gran estruendo mientras andábamos por la calle seguramente nos habríamos llevado un susto, sin más. Pero hoy en día, con las noticias que nos llegan de atentados terroristas con bombas, el susto se puede convertir en verdadero pánico.

Se distinguen diversos tipos de emoción, pero las más básicas son estas seis:

Alegría

Enfado

Tristeza

Asco

Miedo

Sorpresa

Como hemos dicho, las emociones están para ayudarnos a sobrevivir, porque se traducen en conductas. La emoción de **miedo**, por ejemplo, surge cuando sentimos que algo puede dañarnos y desencadena dos posibles tipos de conducta: la huida o el enfrentamiento. La **tristeza** nos invita al reposo, a hacer balance de las cosas, a detenernos. La **alegría** nos informa de que ese camino, esa persona o esa situación son los adecuados y tenderemos a querer repetir la experiencia. El **enfado** pone fin a una situación que estamos viviendo como injusta o insoportable. El **asco** hace que nos alejemos de algo potencialmente dañino para nosotros, como puede ser un alimento en mal estado. La sorpresa pone en guardia a nuestro cerebro para reaccionar ante lo desconocido.

Las emociones son, pues, nuestra guía para actuar, en combinación con la percepción y la interpretación que hagamos de la situación que las ha desencadenado.

Otro concepto clave es el **sentimiento**. Este no existiría sin la emoción, pero es un paso más allá, es el resultado de lo que pensamos a partir de haber sentido la emoción.

Si mi jefe me llama a su despacho con tono severo, mi cerebro interpretará que hay una amenaza y comenzará a desarrollar miedo. Si cuando entro en el despacho del jefe veo que no solo está él, sino que además está todo el consejo directivo, mi miedo aumentará. Seré pura emoción. Pero a partir de ahí, unas personas pueden pensar: «Seguro que me van a dar una mala noticia, quizá me despidan, cómo me están mirando, el jefe también parece estar de su lado…», y eso ya serán sentimientos de enfado, terror, injusticia… Otras se dirán que no tienen nada que ocultar, que el año pasado las alabaron en público por su buen hacer en la empresa, que la expresión en las caras de los demás no indica nada negativo… y surgirán sentimientos de alivio y tranquilidad.

¿Te das cuenta de la diferencia? La emoción siempre se desencadena por un estímulo externo y surge espontáneamente, sin especular sobre la situación, mientras que el sentimiento se forma a partir de lo que pensamos sobre la situación, que a su vez conecta con nuestras necesidades, creencias, valores…

Cada cual generará sentimientos diferentes ante una misma situación, incluso tras la misma emoción, según sea nuestra propia percepción, las experiencias anteriores, las comparaciones mentales que podamos producir ante la emoción, etc.

Así, podemos decir que:

SENTIMIENTO = EMOCIÓN + PENSAMIENTO

Nuestra guía para actuar… que a veces se desborda

Como herramientas que son, vitales para la supervivencia, a las emociones no se las debería tocar, sino escuchar. Aunque a todo el mundo le haga ilusión este viaje tan exótico, si a mí me da miedo es porque hay algo en mí que está clamando ser escuchado. Aunque la gente me mire con condescendencia, si estoy alegre y quiero manifestarlo, puedo y debo hacerlo para respetarme a mí misma, siempre que no moleste a otras personas.

Como ves, volvemos al punto de origen: la asertividad.

Sí, también en la expresión de las emociones influye la asertividad. Cuántas veces reprimimos la expresión de una emoción por temor a quedar como «débil», a que «piensen que soy una tonta», a dar la sensación de «ser una aguafiestas»… ¿Te ha pasado? Intenta recordar situaciones en las que has reprimido una emoción, la has disimulado o desviado, con tal de no quedar como…

En el capítulo 2 hablamos de las personas agresivas y sumisas, las dos formas de no asertividad. La persona **agresiva** reprime ciertos tipos de emociones y sentimientos (todo lo que pueda parecer débil, sensible, blando…) y esgrime otros, con los que se siente muy cómoda. Normalmente, estos sentimientos son la culpabilización, la agresividad, el enfado.

La persona **sumisa** también reprime la expresión de ciertas emociones a favor de otras. Por lo general, no se permite mostrar enfado, contrariedad, rechazo. Y prefiere mostrar emociones como la alegría, la satisfacción, la armonía, la paz…

La persona **asertiva**, al contrario de estas dos últimas, se complica menos. Si me siento molesta, ¿por qué no expresarlo? Con respeto, por supuesto, sin faltar a la otra persona, pero con la sensación de que estoy dejando claro lo que siento, mi postura o actitud, aun a costa de lo que los demás opinen y digan.

Si pensamos de forma respetuosa, objetiva y tranquila, tendremos sentimientos más tranquilos y actuaremos mejor.

Vemos que las personas agresivas y sumisas reprimen parte de sus sentimientos en favor de otros, que son los que muestran al exterior para conseguir sus objetivos. ¿Qué hace la persona asertiva?

- Se deja guiar por las emociones en primera instancia.
- Intenta calmar la emoción si esta es muy intensa antes de tomar una decisión (*time out* y relajación, *mindfulness*).
- Analiza y objetiviza lo que ha sentido, pero no lo reprime.
- Utiliza la emoción como un regulador para ver si está resuelta la situación o no.

Vamos a analizar estos pasos en detalle:

Se deja guiar por la emoción

Todas las emociones cumplen una función:

La ternura activa mecanismos de protección y solidaridad; la alegría activa conexión, complicidad, agrado. El miedo y la vergüenza anticipan un daño; la tristeza permite superar un daño consumado; el dolor de la culpa, un daño producido.

¿Has visto la película *Del revés (Inside out)*? La alegría era la que guiaba todo con su optimismo, pero finalmente era la tristeza, con su parsimonia y su concentración, la que lograba desentrañar las cosas.

Incluso algo tan pesaroso para algunas mujeres como son las oscilaciones emocionales cuando tienen algún desarreglo hormonal (síndrome premenstrual, embarazo, depresión posparto…), tiene su sentido: el «bajón anímico» nos invita a detenernos, a centrarnos en nosotras mismas y cuidarnos; el aumento de la sensibilidad invita a estar alerta ante posibles peligros con el fin de protegernos a nosotras y a un potencial bebé.

Cuando sintamos una emoción fuerte, no la despreciemos, no la rechacemos o nos culpemos por ello. Las emociones desempeñan su papel, nos hablan, y es preciso explorar si son recurrentes para intentar descifrar su mensaje, lo que tratan de decirnos.

La TRISTEZA, por ejemplo, nos habla de que hemos perdido algo. Cuando sentimos tristeza podemos preguntarnos: ¿qué he perdido? Una vez identificada la pérdida, se abrirá un espacio interno hasta el proceso de duelo. La tristeza será una «compañera» durante el mismo.

El MIEDO nos avisa de que no tenemos recursos. Cuando sentimos miedo podemos preguntarnos: ¿qué necesito para abordar esta situación? Nos activaremos para buscar recursos. El miedo dejará de ser el foco de nuestros pensamientos. Empezaremos a desarrollar formas nuevas de afrontar nuestra situación.

**Si nos detenemos a escuchar a nuestro cuerpo
y sus emociones, la intensidad bajará, el dolor se templará
y encontraremos paz, aun dentro del malestar.**

Un sentimiento es como un niño,
que en nosotros vive, llora y ríe, tiene hambre y quiere
hacerse notar.
A quien insiste en decirle a su sentimiento:
«Calla, ahora no tengo tiempo para ti»,
su niño interior se le sentará un día en un rincón olvidado
y se afligirá, enfermará y languidecerá.

A los sentimientos hay que tratarlos como se trata a un niño.
Se le mira con cariño y atención.
Se escucha su queja, se sufre con él cuando sufre.
Pues los sentimientos son las fuerzas más vivas que hay en nosotros, y ninguna otra fuerza presente en nosotros genera tanta vida.
Un niño también tiene deseos, legítimos, buenos, hermosos que no se pueden cumplir.
Entonces lo tomamos del brazo y nos entristecemos con él.
Pero no lo despachamos. Un niño puede entender que no puede tenerlo todo.
Pero hay que amarle, darle valor y alegría, y espacio para mover sus fuerzas.

JÖRG ZINK

No desdeñemos, pues, nuestras emociones. Si sentimos emociones demasiado intensas, habrá que preguntarse por qué son tan intensas. Ese **miedo** que siento cada vez que veo a esta persona, ¿a qué se debe? ¿Qué interpreto de esta persona y el «mal» que me puede hacer? Ese **enfado** que me provoca tal situación, ¿por qué puede ser? ¿Qué me hace sentir con tanta ira?

Tengamos en cuenta que las emociones siempre tienen razón. Es nuestra interpretación la que puede equivocarse.

Intenta calmar la emoción

Como ves, todas las emociones cumplen su función; pero esta debe ser pasajera, no perpetuarse y perder su función reguladora. Para ello, necesitan ser escuchadas con respeto, para luego ser calmadas.

¿Cómo hacerlo? A veces es difícil siquiera captar la emoción. Podemos sentir ráfagas de malestar o bienestar, sin ser realmente conscientes de lo que está pasando; otras veces nuestro cuerpo se revuelve y nos manda molestias o dolor, pero nos quedamos en lo abstracto, en sensaciones efímeras que se difuminan rápidamente. Por lo tanto, lo que hay que hacer en primer lugar, nada más sentir una ligera molestia en nuestro cuerpo, es esforzarnos por **darle un nombre.**

Al denominarlo, le proporcionamos cuerpo y forma, le damos importancia, nos estamos respetando a nosotras mismas y podremos respetar así las emociones de las demás personas.

Observa la siguiente tabla. En ella están reflejados diferentes matices y cualidades en la expresión de las distintas emociones:

Tristeza	Alegría	Miedo	Enfado
Abandono	Agradecimiento	Alarma	Agresividad
Abatimiento	Alegría	Angustia	Aislamiento
Aflicción	Ánimo	Ansiedad	Cólera
Agobio	Calma	Bloqueo	Crispación
Amargura	Complacencia	Complejo de inferioridad	Descontento
Confusión	Confianza	Confusión	Desprecio
Decepción	Contento	Desesperanza	Enfado
Decepción	Dicha	Desorientación	Enojo
Depresión	Encantamiento	Horror	Excitación
Desaliento	Entusiasmo	Impotencia	Fastidio
Desánimo	Esperanza	Incapacidad	Furia
Desconsuelo	Euforia	Indecisión	Indignación
Desdicha	Fascinación	Inquietud	Insatisfacción
Desencanto	Felicidad	Inseguridad	Ira
Desmoralización	Gozo	Intranquilidad	Irritabilidad

Tristeza	Alegría	Miedo	Enfado
Desmoralización	Ilusión	Pánico	Irritación
Frustración	Libertad	Parálisis	Malhumor
Infelicidad	Logro	Preocupación	Molestia
Melancolía	Optimismo	Susto	Nervios
Nostalgia	Realización	Temor	Odio
Pena	Reconocimiento	Temor	Rabia
Pesar	Satisfacción	Tensión	Tensión
Soledad	Seguridad	Terror	Venganza
Tristeza	Tranquilidad	Vergüenza	Violencia

La próxima vez que sientas algún movimiento en tu cuerpo, ya sea una punzada, una expansión o una contracción en tu tórax, una taquicardia repentina... detente unos segundos y, simplemente, intenta darle un nombre a eso que estás sintiendo. Puedes empezar por definir la emoción de forma «gruesa» (tristeza, alegría, enfado...) para luego consultar la tabla e intentar hilar más fino, incluso añadiéndole alguna imagen o descripción más amplia («es como si...»). Te sorprenderás ante la riqueza de emociones que puedes llegar a tener.

Puedo decirles amablemente ¡hola! a mis sentimientos.
Puedo colocar una mano solícita sobre la parte de mi cuerpo
en la que estoy sintiendo algo. Puedo recordar que todo es
temporal y todo lo que estoy sintiendo tiene una buena razón
para sentirse así… aunque no tenga ni idea de cuál es la razón.

ANN WEISER CORNELL

A partir de haberle puesto un nombre a tu emoción, puedes aplicar diversas acciones para calmarla: relajación, respiraciones, *mindfulness...* En el capítulo de la autoestima profundizaremos más en ello.

Analiza y objetiviza

Tanto las emociones como los sentimientos pueden ser una guía sabia que nos informa de cómo actuar, pero también pueden convertirse en dañinos si nos desbordan.

La buena noticia es que podemos hacer algo con ello.

Sabemos que las emociones surgen espontáneamente, sí, y no debemos reprimirlas, pero también hemos visto que podemos detenernos a escucharlas y ver de qué nos están informando.

En cuanto a los sentimientos, pertenecen al mundo de lo consciente. Somos conscientes de lo que sentimos y podemos llegar a hacernos conscientes del pensamiento que generó tal sentimiento. De hecho, mientras que la emoción suele disminuir hasta desaparecer en cuanto desaparece el estímulo que la generó, el sentimiento puede perpetuarse días y días, que es cuando decimos: «No puedo quitármelo de la cabeza».

El hecho de ser conscientes de ello y saber que son los pensamientos los que han generado tal sentimiento nos hace responsables del mismo.

En el momento en que somos capaces de identificar cuál es el tipo de pensamiento que nos genera una y otra vez las mismas emociones (sentimientos) negativas, utilizando las técnicas adecuadas seremos capaces de **cambiar nuestro pensamiento y evitar alimentar esa emoción negativa**.

¿Conoces el cuento de las cinco personas ciegas que intentan reconocer qué están palpando? Una dice: «Es algo muy grande, enorme». Otra: «Es pequeño y suave». Otra: «Es algo rugoso y duro». Otra: «Es fino y peludo». Y la última persona: «Es frío y liso». ¿Qué crees que estaban intentando reconocer? ¡Un elefante! Dependiendo de si palpaban la altura, la punta de la trompa, la pata, la cola o el colmillo, tenían percepciones totalmente diferentes; todas tenían razón, pero tenían una percepción distorsionada, en este caso, por su ceguera.

De igual modo, muchas veces nos ciegan nuestros prejuicios, las experiencias pasadas, las opiniones, nuestros valores... y así, podemos llegar a percibir a una persona o situación de forma distorsionada. ¿Qué ocurre entonces? Que quizá mandemos a nuestro cerebro señales de:

o de:

y nuestro obediente cerebro saca emociones intensas de miedo o enfado, que luego nos encargamos de continuar distorsionando con nuestros pensamientos.

Hay varias formas de distorsionar la realidad. A continuación presentamos algunas de ellas:*

O todo o nada

Veo cosas y personas como buenas/malas, blancas/negras sin gradaciones intermedias. Si algo no me agrada en una cosa o persona, la condeno en su totalidad.

Generalización excesiva

A partir de un acontecimiento aislado (o unos pocos) elaboro una regla general ilógica. A partir de una experiencia dolorosa concluyo que lo mismo me va a ocurrir inevitablemente en el futuro. Pienso en términos de siempre/nunca, todos/nadie, aunque lo que haya ocurrido solo haya pasado una vez.

Etiquetar

Es una forma de generalización excesiva. En vez de describir el error que yo (u otro) ha cometido, aplico una etiqueta a la persona en su conjunto. En vez de decir: «He cometido un error», lo cual puede muy bien ser cierto, digo: «Soy un fracaso», lo cual es completamente falso.

Filtro mental

Como un filtro fotográfico que deja pasar unos colores y otros no, percibo lo negativo de una situación y me concentro en ello, sin prestar suficiente atención a lo positivo. Por ejemplo, me preocupo excesivamente porque he contestado mal una

---

* Adaptado de J.V. Bond.

pregunta del examen, aunque haya contestado bien las otras nueve.

Magnificación

Como los prismáticos, que usados por un lado agrandan los objetos y por otro los empequeñecen, yo también tiendo a exagerar lo negativo de un acontecimiento o de una persona (sobre todo de mí misma) y a quitarle importancia a lo positivo.

Conclusiones arbitrarias

Saco conclusiones (o hago interpretaciones) negativas que no están justificadas por la evidencia de los hechos.

    a) Leer el pensamiento: concluyo que alguien reacciona en contra mía, sin verificarlo. Imagino motivos siniestros en los demás.

    b) «La mala ventura»: sin evidencia válida espero que todo me va a salir mal. Soy una catastrofista.

    c) Comparaciones descalificadoras: viéndome inferior a otros en ciertos aspectos, concluyo incorrectamente que no valgo.

Pseudorresponsabilidad

Me veo como causante de acontecimientos negativos de los cuales de hecho no soy responsable. Me siento culpable por los errores y las desgracias de los demás.

Exigencias inflexibles

Esta actitud de «Yo tengo que... tú debes... la vida me debe... a toda costa...» es una fuente de sentido de culpabilidad, resentimiento y hostilidad, por no estar conforme con la realidad.

Personalización
Cualquier incidente externo lo asocio conmigo misma, estableciendo una relación causa-efecto que no se corresponde con la realidad.

El siguiente paso es intentar reformular tus pensamientos. No se trata de negar lo que percibes o piensas sino de, simplemente, matizarlo, relativizarlo, hacerlo más realista. La realidad no duele, lo que duele es la carga emocional que le «echamos» encima. Observa estas reglas para hacer «reformulaciones» (para pensamientos que causan sentimientos negativos intensos):

1. La meta es que la constatación que se haga sea más realista (normalmente: más matizada) que el pensamiento inicial, no que se vuelva positiva de repente.
2. Nunca decir lo contrario de lo que se piensa.
3. Intentar reducir o eliminar la distorsión que se está realizando. Si es una **generalización**, intenta matizar el «nunca» o «siempre» que hayas puesto. Si es un **catastrofismo**, sustituye el futuro de tu expresión por presente o pasado («hasta ahora no he…»). Si se trata de **exigencias inflexibles**, sustituye el «debo» por «voy a…», «quiero», «intentaré».
4. Concretar mucho y no salirse más allá de lo ocurrido: cambiar «nunca podré» o «siempre hago» por «en **esta** situación he hecho…».
5. Eliminar expresiones abstractas y generales como «no soy feliz» por otras de síntomas concretos, como «me angustia» o «me produce ansiedad».
6. Intentar no interpretar; ceñirse a lo percibido en una si-

tuación, no a lo pensado a partir de ella. En vez de «no soy importante para ellos», decir «no me han felicitado» y nada más.

7. Hacer que el sentimiento sea autorreferencial. Mi sentimiento no son ellos por no haberme felicitado, sino yo que me siento humillada. En estos casos, evitar también irse al otro extremo y caer en la autoinculpación.

Te invitamos a que hagas un ejercicio con las distorsiones. Durante una semana, apunta cada vez que sientas malestar. Recuerda: si te sientes mal, aunque en ese momento no sepas por qué exactamente, **tienes derecho** a sentirte así. Tu malestar te está invitando a detenerte y ver qué está ocurriendo. Quizá tienes razón: tu cerebro ha percibido una falta de respeto, un abuso sutil que tu mente consciente no es capaz de registrar. Pero la emoción sí que lo ha registrado y lo saca en forma de enfado, tristeza o desasosiego. Quizá las experiencias pasadas, o algo que te acaba de ocurrir, están influyendo en tu interpretación de la situación y te hacen sentir extremadamente mal. Bien, a eso te invitamos. Apunta tu pensamiento y la distorsión que crees que puede estar influyendo en tu malestar. A continuación, intenta calmar la emoción, hacer que no grite tanto y te bloquee. Eso lo podrás hacer echando mano de los consejos que te comentamos más arriba. Pero si logras suavizar tu emoción, no te olvides de ella. Cuando el río suena, agua lleva. Ahora que ves la situación de una forma más racional, podrás plantearte realmente por qué te ha hecho sentir así y qué puedes hacer para sentirte mejor.

Es el momento de rellenar la última columna: qué me puedo decir que sea más racional y a la vez, me hable y me calme. Hemos puesto un ejemplo para que veas a qué nos referimos.

Situación	Qué me dije/ Qué estaba temiendo	Distorsión	Qué me puedo decir
María nunca me deja pedir en los restaurantes. Se adelanta y pide por mí.	Se cree que soy tonta. Lo hace para demostrarme que es más espabilada.	Lectura de pensamiento.	No sé por qué lo hace ni me tiene que importar. Si me molesta, se lo diré.

7

Autoestima

En el primer capítulo, en los pasos a emprender para llegar a ser plenamente asertivas, hablábamos de que después de conocernos, tenemos que gustarnos/aceptarnos. Si no nos gustamos en nuestras facetas positivas ni aceptamos nuestras facetas negativas, nunca llegaremos a estar seguras de nosotras y confiar en nuestras fuerzas.

Estamos hablando de autoestima, una de las competencias de la inteligencia emocional que más unida está a la asertividad.

Para comenzar, nos gustaría proponerte un pequeño ejercicio. Puedes leerlo primero y después ejecutarlo con calma, porque es muy sencillo de hacer:

Ponte cómoda y cierra los ojos.

Céntrate durante un momento en tu respiración, para adentrarte en tu interior y aislarte del mundo externo. No tienes que relajarte, simplemente estar atenta a tu respiración: siente el aire que entra, que sale… date cuenta de que, cuando inspiras, todo tu cuerpo se expande, y cuando espiras, tu cuerpo se contrae… Permanece así durante aproximadamente un minuto.

Tras unas cuantas respiraciones atentas, entramos en el

cuerpo del ejercicio, que consiste simplemente en decirte: HOLA, (tu nombre): «Hola, Marta», «Hola, Paula», «Hola, Conchi».

Salúdate, sal a tu encuentro. Seguro que pocas veces o nunca te has saludado a ti misma, ¿verdad? Ahora es el momento de hacerlo. Te lo puedes decir varias veces, con diferentes tonos, incluso dándote la bienvenida: «Hola, bienvenida, Marta».

¿Qué sensaciones te suscita saludarte y darte la bienvenida? ¿Qué imágenes te han venido a la cabeza? Intenta definir tres o cuatro sensaciones o imágenes: «Me ha surgido una sensación de calidez, como de volver a casa»; «He visto una luz en mi interior»; «No me ha gustado, la sensación ha sido de rechazo, me veía estirando el brazo apartando algo de mí»; «Apenas he notado nada y quería terminar cuanto antes, me aburría y me inquietaba»…

Te invitamos a que apuntes las sensaciones o imágenes que hayan surgido, sin juzgar ni opinar sobre su significado.

....

....

....

....

....

¿Qué te ha parecido este pequeño ejercicio?

¿Te ha gustado o disgustado, te ha parecido un ejercicio tonto e inútil?

Este tipo de dinámicas son más importantes de lo que crees, porque indican cómo nos relacionamos con nosotras mismas.

Plantéate: ¿a quién he dicho «hola»? ¿A una persona desconocida? ¿A alguien querido, a quien me entran ganas de proteger y cuidar? ¿A alguien deleznable y lleno de defectos, a quien quisiera criticar?

Fíjate en lo diferentes que pueden ser las interpretaciones que se hacen de este sencillo ejercicio. Cuando lo proponemos en nuestros cursos, surgen gran variedad de reacciones. Muchas veces, las personas que han sentido algún tipo de rechazo o distancia consigo mismas se remueven al darse cuenta de que hay otra posibilidad de relacionarse consigo mismas, desde la calidez y la protección.

La autoestima como base de la asertividad

Querernos, protegernos, cuidarnos… ¿No te suena bien? Son deseos que están en lo más profundo de nuestro ser, lo que en el fondo anhelamos todas las personas. No creo que haya ninguna que no desee, en última instancia, sentirse querida, protegida, sin nada que temer, segura…

¿Esto no te recuerda algo? En el capítulo 3 hemos hablado de las necesidades de Maslow, ¿te acuerdas? Seguridad, afiliación y pertenencia, reconocimiento…

Te invitamos a que te observes durante una semana y anotes aquellas situaciones en las que tus necesidades fisiológicas, de seguridad, afiliación o reconocimiento están reclamando tu atención porque necesitan ser cubiertas, ya hayan sido efectivamente cubiertas o no y lo estés echando de menos. Para ello, te sugerimos que rellenes este cuadro cada noche antes de acostarte:

Día 1

NECESIDAD	¿HA SIDO CUBIERTA HOY?		¿DE QUÉ FORMA?
	SÍ	NO	

Día 2

NECESIDAD	¿HA SIDO CUBIERTA HOY?		¿DE QUÉ FORMA?
	SÍ	NO	

Día 3

NECESIDAD	¿HA SIDO CUBIERTA HOY?		¿DE QUÉ FORMA?
	SÍ	NO	

Día 4

NECESIDAD	¿HA SIDO CUBIERTA HOY?		¿DE QUÉ FORMA?
	SÍ	NO	

Día 5

NECESIDAD	¿HA SIDO CUBIERTA HOY?		¿DE QUÉ FORMA?
	SÍ	NO	

Día 6

NECESIDAD	¿HA SIDO CUBIERTA HOY?		¿DE QUÉ FORMA?
	SÍ	NO	

Día 7

NECESIDAD	¿HA SIDO CUBIERTA HOY?		¿DE QUÉ FORMA?
	SÍ	NO	

Y ahora viene la gran pregunta: **¿Quién cubre tus necesidades?**

¿Quién necesitas que te cuide para sentirte tranquila físicamente?

¿Quién necesitas que te dé seguridad y la certeza de que no te va a abandonar nunca?

¿Quién necesitas que te quiera incondicionalmente para sentirte valiosa?

¿Quién necesitas que te admire y valore?

Piensa bien las respuestas. Pueden ser de muy diversa índole: hay personas que piensan en su pareja, en sus padres, en sus amistades, en sus hijos, en sus compañeros de trabajo, en su jefe...

Y hay personas que piensan... ¡en sí mismas!

En eso estriba la autoestima. Observa esta definición:

AUTOESTIMA es la capacidad de sentirse digna de ser querida y valorada por una misma, sin necesidad de depender del exterior para ello.

Como ves, la autoestima está muy ligada al concepto de independencia.

Cuanto más dependamos de los demás para sentirnos válidos, menos autonomía emocional tendremos y menor será nuestra autoestima.

¿Qué ocurre cuando dependemos de alguien para sentirnos seguros? Será tal nuestro miedo al abandono y a la soledad, que haremos «lo que sea» para que la persona permanezca a nuestro lado.

¿Qué ocurre cuando dependemos de los demás para que nos cuiden? Como nunca sentiremos que nos cubren del todo esa necesidad, siempre pensaremos que la otra persona podría hacer más y desarrollaremos enfado, rencor hacia la persona a la que hemos «elegido» para que nos cuide... Muchas veces la ira se desvía hacia aspectos que no tienen nada que ver, y así nos enfadamos por cosas sin importancia o estallamos en el momento menos pensado... aunque para nosotras sea el momento ideal para poner por fin los puntos sobre las íes.

Otra reacción típica cuando dependemos de los demás es sentirnos deprimidas, amargarnos, no creer en nadie... porque «todo el mundo es egoísta y nadie se ocupa de mí». No es más que la frustración por no llegar a sentirnos tan atendidas y protegidas como necesitamos. ¿Te suenan estas sensaciones? ¿Te han ocurrido alguna vez?

Sin embargo, si me cuido a mí misma, no necesito que nadie vele por mí. Sé que cuando lo necesite, ahí estaré yo. Estaré atenta a mis emociones y a mi cuerpo. Me concederé el derecho a detenerme, a descansar, e incluso a estar revuelta… hasta encontrar el bálsamo o la solución a ese problema que me preocupa.

Fíjate qué libertad te da esto: no dependes de nadie para sentirte plena. No desarrollas ira ni te deprimes cuando alguien no te demuestra el cariño o el reconocimiento que crees que te mereces. Claro que te sientes mal ante un rechazo, pero no caes en un abismo del que solo te puede sacar otra persona. Te tienes a ti.*

> Hubo un momento en el que caminaste sola, escribiste sola, estudiaste sola y te vestiste sola. Recuerda ese momento.
>
> MONIQUE WITTIG

---

* Como verás, estamos hablando de sentirnos a la misma altura que los demás. Autores como Kristin Neff o Eckhart Tolle distinguen entre la «falsa» autoestima o ego y la verdadera autoestima o autocompasión. Para ellos, la falsa autoestima o ego es cuando necesitamos sentirnos por encima de los demás para satisfacer la necesidad de reconocimiento. Las personas con ego están mirando siempre a los demás, comparándose e intentando no quedar nunca por debajo. Kristin Neff promulga el mirarnos a nosotras mismas en vez de estar pendientes de los demás y desarrollar compasión hacia nosotras.

Estamos rozando el término de la asertividad. En efecto, cuando nos queremos y sentimos que merecemos cuidarnos, protegernos y velar por nosotras, nos estamos respetando. Y si tenemos la confianza de que vamos a atendernos cuando lo necesitemos, ya no necesitaremos «mendigar» cariño y reconocimiento de los demás, ya sea poniéndonos en una posición sumisa e inferior o agresiva y superior a los demás. Podremos ser verdaderamente asertivas.

¿Cómo alcanzar esta mirada compasiva, esta capacidad de cuidar y velar por nosotras mismas sin depender de nadie para ello?

Te proponemos actuar sobre cuatro parámetros de la autoestima:

1. Escuchar a nuestro cuerpo y tener autocompasión.
2. Sustituir la crítica por un cuidador.
3. Hablarnos de forma respetuosa.
4. Tener un buen autoconcepto.

A continuación vamos a hablar de las dos primeras actitudes.

Comentaremos cómo hablarnos de forma respetuosa en el capítulo 10, «Habilidades sociales y comunicación», y hemos hablado ya de tu autoconcepto en el capítulo 5, «Autoconocimiento».

Escuchar al cuerpo

Imagínate que estás leyendo tan tranquila en una sala de espera y, de pronto, se oye un estruendo y aparece una niña pequeña, a la que conoces de vista, llorando desconsoladamente. Está desesperada y muy asustada, y llora sin parar, mirándote con ojos suplicantes.

¿Qué harías?

La mayoría de las personas a las que planteamos esta situación responden: «la abrazaría», «la cogería en brazos», «correría hacia ella». Parece fácil, ¿verdad?

¿Te imaginas continuando con tu lectura sin inmutarte? ¡Qué raro!, ¿verdad?

¿O regañando a la niña: «¿Qué has hecho?», «Me estás molestando, ¿por qué no te estás quieta?». Pobre niña, ¿verdad?

Bien. Ahora imagina que, como a Marina del capítulo 2, te enteras de que tus amigas han planeado hacer un viaje y no te han avisado. Eras tú la que quería organizar este viaje, incluso habías sugerido el destino, pero de pronto nadie ha contado contigo. ¿Qué haces? ¿Cómo te sientes?

Tal vez intentas no darle importancia por considerar que tu malestar es una chiquillada. Hay muchas cosas el doble de importantes que tienes que resolver y no hay tiempo para pensar en esto...

Quizá incluso te regañas con dureza, diciéndote que la culpa es tuya, por tonta e ingenua.

En cualquiera de los dos casos, tu cuerpo protestará de alguna forma. Te sentirás extrañamente cansada, o malhumorada, nerviosa, enfadada... sin saber bien el porqué. El cuerpo nos envía señales constantes que nos indican si nos estamos atendiendo o nos estamos pasando por alto. Si no le prestamos atención, empezará a mostrar dolencias, estados de ánimo negativos...

Nuestro cuerpo, nuestro ser, es como la niña del ejemplo: para calmarse no necesita que la ignoren ni que la regañen. Necesita que:

Nos detengamos: igual que al entrar la niña llorando en la sala de espera, lo más normal es que dejemos lo que estábamos leyendo para atenderla, nuestro cuerpo necesita que nos detengamos y les demos importancia a las sensaciones fuertes que está mostrando.

Lo escuchemos: debemos encontrar la emoción que subyace, ponerle un nombre, indagar qué nos puede haber hecho sentir tan mal. Es como ayudar a la niña a saber qué le pasa.

Atendamos el malestar: eso que parece tan obvio en el caso de una niña pequeña, con frecuencia se vuelve inexistente cuando se trata de nosotras. Pero ¡la niña está llorando! Vamos a proporcionarnos algo bueno en ese momento, algo que nos calme, ya sean ejercicios de relajación o meditación, algún tipo de actividad que nos separe momentáneamente de nuestro malestar, alguna frase, palabra o imagen que nos suponga un «bálsamo». No estamos huyendo del problema, solo nos estamos concediendo un espacio para recuperarnos y poder mirar lo que nos preocupa con mayor objetividad. Es como coger a la niña y mecerla en nuestros brazos.

Busquemos una salida: solo después de habernos calmado, atendido y protegido podremos sentarnos con nosotras mismas e intentar buscar una solución, tomar una decisión o realizar la acción que necesitamos. Antes, cuando estamos invadidas por el malestar, es estéril buscar una solución, pero ¡qué pocas veces se tiene en cuenta esto! La mayoría de las veces arrastramos nuestro malestar sin atenderlo, y tomamos decisiones que corren peligro de estar muy mediatizadas por este motivo.

La próxima vez que te sientas profundamente mal por algo, te invitamos a que sigas estos cuatro pasos:

1.º DETENTE.
2.º ESCUCHA A TU CUERPO.
3.º PROPORCIÓNATE UN BÁLSAMO.
4.º CUANDO ESTÉS CALMADA, BUSCA UNA SOLUCIÓN.

¿Qué tiene que ver esto con la autoestima?

Si nos habituamos a actuar de esta forma, estaremos demostrando **confianza** en que nuestro cuerpo tiene razón, **respeto** a lo que nos esté transmitiendo, aunque no haya razón aparente, y estaremos motivadas para **protegernos** y **cuidarnos** antes de buscar soluciones a los problemas.

Sustituir la crítica por un cuidador

Imagínate que te encuentras en un bar con tus amigos. Estáis divirtiéndoos, tomando algo, charlando y, de pronto, se te ocurre un chiste buenísimo, de humor negro, que escuchaste ayer, y lo cuentas en medio de risas y comentarios. Pero notas que tu chiste no ha caído muy bien, la gente se ríe forzadamente, miran a una compañera que está a tu lado... ¿Qué ha pasado? ¡Ay!, de repente te das cuenta: se le acaba de morir su madre ¡y tu chiste iba de un entierro!

Si estuvieras en esa situación:

¿Cómo te sentirías? Intenta describir bien tus sentimientos.
¿Qué te dirías?
Y eso que te dijeras ¿a qué acción te empujaría?

Hay dos posibles tipos de respuesta a estas preguntas.

Hay personas que se criticarían duramente, tachándose de torpes, insensibles y lerdas. Seguramente esto les llevaría a pensar en muchas otras situaciones en las que se han mostrado igual de torpes. Al final, anticiparían consecuencias funestas a su metedura de pata, desde perder la amistad con esa persona hasta que todo el grupo de amigos la descarten como persona válida y digna de pertenecer a su grupo.

Esto les llevaría o a evitar en un futuro a la persona afectada o a tratar de compensar la metedura de pata en futuros encuentros, situándose en un plano inferior e intentando a toda costa que la otra persona les perdone.

Hay otras personas que también se sentirían profundamente mal. Pensarían en cómo se estaría sintiendo la otra persona, e intentarían compararlo con cómo se sentirían ellas en una situación similar. Estarían, quizá, dándole vueltas centradas en lo que ha ocurrido, sin pensar en otras situaciones u ocasiones. Esto las llevaría a querer reparar el daño para que la otra persona no se sienta mal. Le pedirían perdón, darían una breve explicación a lo ocurrido y a su falta de maldad y tratarían de mostrarse cariñosas y afables.

Fíjate cómo ante una misma situación podemos tener dos actitudes del todo diferentes, que nos llevan, una, a sentirnos mal y, la otra, a sentirnos bien a la larga. Esta forma tan diferente de tratarnos tiene una misma intención: impulsarnos para solucionar la situación y sentirnos mejor. Pero, paradójicamente, la forma crítica consigue que:

- Nos bloqueemos y no actuemos con naturalidad.
- Tendamos a evitar a la persona o la situación en un futuro.
- Nos situemos en una posición sumisa, tratando de compensar el «mal» que hemos hecho, justificándonos en exceso e intentando que la otra persona nos perdone.

Mientras que la forma cuidadora simplemente consigue que, a la larga:

- Intentemos solucionar el problema.
- Deje de crearnos malestar.
- Nos sintamos coherentes y en paz con nosotras mismas.

Ahora te invitamos a un pequeño juego: buscar las diferencias. Si te fijas en los dos gráficos anteriores, verás que tienen mucho en común, la situación es la misma, en ambas la persona se siente mal y piensa en qué hacer... Pero la resolución final es muy diferente. La clave está en lo que se dicen estas dos personas. Mira si encuentras hasta cinco diferencias entre lo que se dice una persona y la otra que hacen que el resultado final sea distinto.*

Como resumen de estas cinco diferencias podemos decir que, en un caso, la persona utiliza la **crítica** para resolver la situación y, en el otro, se **cuida** a sí misma. En ambos casos, estamos intentando resolver la situación para que nuestro malestar disminuya y, volvamos a sentirnos bien, pero ¡qué diferentes efectos tiene una forma de tratarnos y otra! En el siguiente cuadro tienes las principales características de una y otra:

Crítica negativa	Autocuidado
Es **incuestionable**, siempre la creemos, nos sirve de «guía»: *¡Esto que has hecho ESTÁ MAL!*	Es **flexible**, dependiendo de la situación: *Me SIENTO mal, voy a ver qué ha pasado*
Utiliza un **tono severo**, castigador, a veces utiliza una sola palabra (etiquetación) o imagen: *¡Inútil!*	Utiliza un **tono respetuoso**, aunque pueda ser vehemente, centrado más en la conducta que se ha tenido: *¡Vaya metedura de pata!*

* 1) La primera se exige, la segunda no se exige. 2) La primera no tiene en cuenta sus sentimientos, la segunda los escucha. 3) La primera no analiza lo que ha pasado, la segunda se centra en ello. 4) La primera no busca una solución efectiva, la segunda sí. 5) La primera habla desde la distancia («tú»), la segunda habla desde la cercanía («yo»).

Crítica negativa	Autocuidado
Es muy **intensa** emocionalmente, tardamos en recuperarnos del malestar.	La intensidad de la emoción depende de la gravedad que le demos a nuestra conducta errónea.
Su contenido siempre es **negativo** hacia una misma: *Lo has hecho fatal, eres un desastre, ¡no tienes remedio!*	Su contenido puede ser negativo hacia la conducta errónea que hemos tenido, pero nunca hacia nuestra persona: *¡Qué mal lo he hecho! ¿Cómo puedo arreglarlo?*
Generaliza: nos remite, a veces, al pasado para socavar nuestra sensación de valía; nos hace sentir «malas» en nuestra totalidad: *Siempre igual, nunca has sabido comportarte adecuadamente.*	Discrimina entre cada situación. Se centra en lo que ha ocurrido: *¡Qué mal se habrá sentido X cuando he dicho…!*
Confunde sentimientos: dispone sentimientos «válidos» y «no válidos»: *Sentirse triste es de débiles, tener miedo es de cobardes.* A veces, admite la **culpa** como único sentimiento válido.	Utiliza los sentimientos como **guía**: cuando me siento mal debo detenerme para ver qué ha pasado. *¡Qué mal me estoy sintiendo! ¿Qué ha podido pasar?*
Aplica **exigencias inflexibles**, utiliza los «debería» como forma de comparación entre lo que «yo soy o hago» y lo que debería hacer o ser, juzgándolo siempre insuficiente o malo: *Deberías haber dicho… Tendrías que saber que…*	Contempla las conductas y las decisiones como **elecciones**, confiando así en el propio criterio: *Quiero ver qué ha pasado… Voy a decirle que…*

Si te has visto identificada con alguna de las formas de crítica negativa, estarás de acuerdo en que vale la pena intentar cambiar esta forma con la que te tratas y sustituirla por otra más cuidadosa y constructiva. Fíjate en estas cuatro pautas para **sustituir al crítico por un cuidador interno**:

1. Haz más flexible el imperativo crítico: permítete fallar, no hacerlo todo siempre a la perfección, cometer errores. Frente a «Siempre tienes que...», di «Algunas veces puedes no...».

2. Elimina generalizaciones, quita los «totalmente», «siempre», «nunca». Sustitúyelos por una formulación amable: «Hay una parte de mí que es/se siente...», «No soy del todo...». Y no te apartes de lo que ha ocurrido: «¿Cuál ha sido el error concreto?».

3. Transforma la imposición externa por una decisión propia. En vez de «debes», «tendrías que...», di «preferiría», «me gusta», «elijo».

4. Cambia el «tono» con el que te hablas, intenta decirte lo mismo pero con un tono cálido y cuidadoso.

Te planteamos un pequeño ejercicio. En el siguiente listado, tienes a la izquierda posibles frases que puede utilizar tu parte crítica cuando sientes que has cometido un error. Escribe a la derecha cómo podría formularse esto mismo desde el autocuidado. Para inspirarte, hemos puesto algunos ejemplos, pero vas a ser tú la que mejor sepa y encuentre las palabras cuidadoras que más te van a servir.

Tus mandatos internos*

Otra vez lo has hecho mal	*¿Cuál ha sido mi error en esta situación concreta?* ....
Eres tonta	....
Hay que ser más generosa	*Me gusta ser generosa* ....
Tienes que hacerlo mejor. No es suficiente, esfuérzate	....
Así no te van a querer	....
Primero, la obligación	....
No debería estar cansada o enfermar	....
Date prisa	....
Hay que controlarlo todo	*A veces puedo dejar de controlar* ....
Nunca aprenderás	....
Hay que ser fuerte, yo nunca debería sentirme dolida	....
Yo tendría que haberlo sabido y haberlo previsto	....
¡No estés triste! ¡Otra vez llorando!	*Me siento muy mal llorando tanto* ....
¡No te enfades!	....
¡No se tiene miedo!	....

* Listado inspirado en el que utiliza la formadora Isabel Gascón en sus cursos de Focusing.

Hay que triunfar, no fracases	....
Pero... ¡cómo se te ocurre!	....
No está bien quejarse: no te quejes	....
Nunca debería cometer errores: No te equivoques	....
Pensar en mí es ser egoísta	....

Pilares para la autoestima

Algunas de las frases que vienen a continuación han sido expresadas por clientes nuestros. Os agradecemos mucho estos regalos.

Cometer un error humaniza, pero no descalifica.

C. L.

La felicidad está dentro de uno, no al lado de alguien.

JOHN LENNON

Ya no acepto la culpa como opción: hay otras opciones mejores.

L. A.

No merezco hacerme sufrir, porque nunca hice sufrir a nadie deliberadamente.

MATHIAS MALZIEU,
La mecánica del corazón

La baja autoestima es como un armario lleno de ropa, ni lo miras, pero vas comprando compulsivamente ropa nueva.

S. H.

Solo podrás avanzar si reconoces que tus sentimientos de culpa se interponen en tu camino y no hacen más que aplazar un cambio necesario. Con tus sentimientos de culpa estás pegado al pasado, los utilizas para dirigirlos contra ti, contra los demás y contra el mundo, para establecer juicios y estar anclado en el castigo. Acepta que no podías actuar mejor en ese momento. Asume tu responsabilidad, reconoce el error como una lección y aprende de él cómo hacerlo mejor. Si te sientes culpable, volverás a repetir el error. Si te sientes responsable, lo harás mejor la siguiente vez.

Y si has herido a alguien, acepta tu error, pide perdón con sinceridad e intenta restablecer el error.

CHRISTIAN BETTINGHAUSEN

8

Empatía y escucha activa

Hemos estado viendo actitudes, competencias, habilidades que nos van a ayudar a construir nuestra identidad asertiva.

Empezamos a tomar conciencia de nosotras mismas, a darnos cuenta de nuestras emociones, a comprender nuestros sentimientos, nuestras creencias. Entrenar la capacidad de comprendernos a nosotras mismas nos ayuda también a poder hacerlo respecto a «el otro». Esta conciencia del otro nos permite dar respuestas que demuestren nuestra comprensión del mundo emocional y cognitivo de los demás y, por lo tanto, poder generar vínculos más saludables y productivos: emocionalmente inteligentes. Eso sí, sin dejar de distinguir entre lo que es nuestro mundo emocional y lo que es de otro.

El contacto con los demás suele ser una experiencia gratificante y motivadora. La **empatía** se produce en este acto de la comunicación, cuando estamos dispuestas a comprender, a ver el mundo como lo ve la otra persona. Cuando mostramos empatía, los demás van a saber que comprendemos lo que han sentido en un momento dado y por qué sus sentimientos o sus comportamientos tenían sentido para ellos.

Pero ¿cómo podemos desarrollar esta competencia? ¿Cómo

podemos entender lo que siente otra persona, si esto no sucede automáticamente?

Hasta cierto punto, las personas estamos diseñadas para sentir empatía de forma natural. Nuestros cerebros disponen de las llamadas «neuronas espejo» que nos facultan para experimentar las emociones que siente otra persona. Por eso nos estremecemos cuando alguien tiene un accidente o nos contagiamos cuando alguien ríe a carcajadas. Daniel Goleman explica muy bien algunas de las investigaciones que se han llevado a cabo sobre la empatía natural.

No obstante, solo algunas personas tienen una excelente empatía natural. Nuestro cableado empático no siempre funciona de manera adecuada. Algunos pueden captar cómo se siente alguien solo con mirarle a los ojos. Otras personas únicamente tienen una pequeña cantidad de empatía natural y no notarán que alguien está enfadado hasta que comience a gritar. La mayoría de las personas se encuentran en un punto intermedio, y pueden comprender a los demás en algunas ocasiones.

Por suerte, la empatía tiene una parte de talento y una parte de entrenamiento. Independientemente de cuál sea nuestro nivel natural, podremos conseguir mejorar nuestra empatía con una actitud proactiva y con una disposición a observar y sentir al otro.

Para ello, necesitamos desarrollar cuatro componentes que nos ayudarán a entrenarla:

1. La **escucha empática**: ir más allá de las palabras, ser capaces de generar el llamado *rapport*.* Permite establecer una comunicación efectiva con los demás. Es un proceso para

---

* El «rapport» es el fenómeno en el que dos o más personas sienten que están «en sintonía» psicológica y emocional.

acercarnos al modelo del mundo de la otra persona. Este proceso, que a veces usamos de forma intuitiva, se puede aprender y practicar para mejorar la comunicación.

A través del *rapport* se genera empatía. Para ser más efectivas en esta actitud, es necesario desarrollar la Escucha 360, que significa escuchar a través de los tres subdominios* de la persona: su lenguaje, su cuerpo y su emoción. Aceptando, sin juicios, lo que es, lo que siente y lo que expresa.

2. La **comprensión empática**: profundizar en el mensaje del otro buscando entender el significado que tiene para él, la importancia o la trascendencia de lo que siente. Mostrando un interés auténtico mediante nuestras palabras, nuestro tono de voz, nuestra expresión facial, todos los aspectos no verbales de nuestra comunicación. «La comprensión empática es el resultado natural del respeto. ¿Cómo puedes respetar de verdad a otra persona y no estar realmente interesada en su experiencia vital?».**

3. La **reacción empática**: cuando comprendemos el mundo emocional de los demás, y conectamos con sus emociones, se pueden producir efectos sobre nosotros mismos:
   a. Tenemos sentimientos orientados al otro que nos mueven a conductas de preocupación por su situación, de apoyo a sus necesidades, de consuelo, de alegría por su

---

* Manual del CSCE (Curso Superior de Coaching Ejecutivo) ICE CORAOPS.

** Richard G. Erskine, Janet P. Mourgund y Rebeca L. Trautmann, *Más allá de la empatía*, Bilbao, Desclée de Brouwer, 2012.

buena fortuna, de respeto, de tolerancia a las diferencias, de aprendizaje hacia realidades diferentes a la nuestra…

b. Tenemos sentimientos orientados al yo, que se centran en el «contagio emocional» o en la «simpatía», que nos hacen incapaces de distinguir nuestro mundo emocional del otro, pudiendo llegar a sufrir más de la cuenta, a abandonar nuestro propio mundo, a bloquearnos, a responsabilizarnos de sus problemas…

Es importante distinguir la empatía del «contagio emocional». No se trata de vivir el mundo emocional de los demás como si fuera el propio, sino de ser capaces de ponernos en su piel, en sus zapatos; comprender cómo es su mapa de la vida sin que ello signifique perder el nuestro.

En una reacción empática adecuada, los primeros son los que corresponden a la verdadera empatía.

4. La **respuesta empática**: sentir empatía no será suficiente, necesitamos ser capaces de responder de forma que la otra persona se sienta escuchada, respetada y comprendida. Si no, solo habremos hecho la mitad del trabajo.

Es aquí donde entran en juego las habilidades de comunicación que nos permiten expresar nuestra comprensión. Una comunicación fluida, honesta y auténtica. Con la conciencia de no incorporar nuestros juicios ni nuestras perspectivas a nuestra comprensión.

Pero… ¿para qué sirve la empatía si lo que quiero es ser capaz de respetarme y valorarme a mí, de poner límites, de decir que no, de cubrir mis necesidades y mis deseos?

Ser capaces de captar los sentimientos de otros nos permitirá llegar al corazón, al verdadero sentimiento que subyace en un conflicto o en un contexto en el que interactuamos con los demás. Participamos de forma afectiva en la realidad de otros. Nos ayuda a prever el impacto que nuestra conducta tendrá sobre los demás. Esta es la aportación más efectiva para nuestro objetivo de ser asertivas.

La empatía hace que nos sintamos conectadas con nuestro entorno sin convertirnos en el centro de él. Es clave para las relaciones humanas satisfactorias. Se trata de una especie de radar social que nos ayuda a interpretar adecuadamente las necesidades de los demás.

Recapitulemos.

La empatía nos ayuda:

A comprendernos a nosotras mismas

Si queremos entender las emociones de los demás, tenemos que aprender a empatizar con nosotras mismas. Comprender y aceptar nuestro propio mundo emocional. Comprender y aceptar nuestros sentimientos es clave para una vida emocionalmente sana y será uno de los fundamentos imprescindibles para desarrollar nuestra identidad asertiva.

A entender a los demás

A través de la práctica y de un alto compromiso con la reflexión, cualquier persona puede aprender a entender cómo piensan y sienten los demás. Este aspecto es básico para desarrollar conductas asertivas. El respeto y la valoración que necesitamos mostrar también por los otros, solo puede producirse si hemos hecho un genuino ejercicio de escucha y empatía.

Si esto es tan obvio, ¿por qué ocurre que no siempre puedo tener esta actitud?

Barreras que nos impiden sentir empatía*

Es posible que tengamos esa capacidad de ser empáticas y, sin embargo, no siempre la apliquemos. ¿Por qué nos ocurre esto? ¿Qué obstáculos aparecen que nos impiden activar nuestra capacidad empática?

La falta de tiempo

Uno de los primeros obstáculos que aparecen para desarrollar respuestas empáticas en una conversación cotidiana es la percepción de falta de tiempo. Dedicar tiempo a los demás para escuchar su mundo emocional nos hace pensar a veces que estamos perdiendo el nuestro. Nuestra intención es «convencer» de nuestra perspectiva y, a no ser que escuchemos un argumento revelador, solemos estar pensando más en lo que vamos a contestar que en escuchar al otro. De nuevo la escucha aparece como parte intrínseca a un ejercicio de empatía.

La percepción de diferencias

Hombre-mujer, padre-hija, compañero-compañera, jefe-empleada, amiga-mejor amiga. De forma inconsciente, nos comunicamos con los demás desde el rol con el que nos relacionamos y, sin darnos cuenta, establecemos ya una diferencia que nos impide, en muchas ocasiones, hacer

---

* O. Cañizares, C. García de Leaniz, O. Castanyer, I. Ballesteros y E. Mendoza, *Hazte experto en inteligencia emocional*, Bilbao, Desclée de Brouwer, 2015.

el ejercicio de empatía adecuado para que la relación sea más efectiva, de persona a persona.

Nuestro flujo mental y nuestra dimensión emocional

Con frecuencia estamos atrapadas en nuestro flujo mental, nos resulta difícil poner foco en algo diferente. Tenemos la atención centrada en nosotras mismas y por lo tanto no nos queda espacio para el otro. Es necesario observar este flujo y detener los pensamientos para poder percibir otros puntos de vista, otras necesidades, otros sentimientos.

Los juicios

Cuando «juzgamos» las acciones o intenciones de la otra persona, significa que estamos asentadas en nuestra perspectiva, lo cual nos impide ponernos en la del otro.

Darnos cuenta de estas barreras nos permitirá derribarlas y poder desarrollar nuestra capacidad de comprensión hacia los demás. Sin duda, nos aportará muchos beneficios. Pero no solo vamos a enumerarlos, te proponemos que al leer la siguiente tabla valores cada uno de los beneficios de la empatía en función de cómo contribuyen a que puedas tener conductas más asertivas.

Beneficios	Cómo contribuye a desarrollar conductas asertivas			
	Nada	Poco	Bastante	Mucho
Nos ayuda en la resolución de conflictos.				
Es una forma de ser, de estar en el mundo.				

Beneficios	Cómo contribuye a desarrollar conductas asertivas			
	Nada	Poco	Bastante	Mucho
Actúa como «pegamento» social en las relaciones.				
Nos ayuda a sentir una conexión y una presencia más profunda con el otro.				
Es la clave de la construcción de la confianza.				
Desarrolla entornos de colaboración.				
Nos hace sentir autenticidad.				
Es un factor fundamental en la adquisición de conocimiento sobre los demás.				
Produce aceptación y elimina sufrimiento.				
Nos ayuda en nuestro crecimiento personal.				
Fomenta la compasión, la colaboración y la creatividad.				
Contribuye a que sintamos de forma más productiva.				
Nos ayuda a dejar de ser el centro exclusivo de nuestra existencia.				
Mejora nuestras habilidades sociales.				

Beneficios	Cómo contribuye a desarrollar conductas asertivas			
	Nada	Poco	Bastante	Mucho
Hace que se incrementen las relaciones a un nivel personal y se hagan más auténticas.				
Al profundizar en el conocimiento de los demás, enriquecemos nuestra propia realidad.				
Abandonamos actitudes de «duros jueces sancionadores» a favor de actitudes más comprensivas y tolerantes.				
Ampliamos nuestros puntos de vista.				
Los demás se sentirán más a gusto y reconfortados con nosotros, buscarán «nuestros oídos».				
Mejora nuestra capacidad de trabajo en equipo, en la escuela, en el trabajo, con familiares y amigos.				
Disminuye nuestras respuestas agresivas verbales o físicas, además de la ira interna.				

Beneficios	Cómo contribuye a desarrollar conductas asertivas			
	Nada	Poco	Bastante	Mucho
Permite un mejor desempeño en profesiones que tienen una alta necesidad de influir (no manipular) en otros: liderazgo, venta, trabajo en equipo, relaciones públicas, educación...				

Probablemente, al valorar estos beneficios de la empatía te hayas dado cuenta de que es una actitud clave para convertirte en una persona con conductas asertivas, pero ¿cómo se hace? ¿Qué pasos hay que seguir para desarrollar la empatía?

Hemos elaborado una rueda de la empatía que quizá te sea útil como guía y como medida de tu propio desarrollo. En la página siguiente tienes un ejemplo. Te proponemos que te evalúes en cada una de sus áreas del 1 al 10. Después, une los puntos y verás cómo está tu rueda de la empatía actual y qué te falta para conseguir equilibrio. A lo mejor no se trata de tener un 10 en todos los puntos, pero sí de que la rueda pueda girar sin dar tropezones.

Como se ve en el gráfico, la rueda es muy reveladora. Es posible que nos estemos interesando por las opiniones de otros y nos demos una valoración de un 6 o un 7; sin embargo, si no hacemos un ejercicio profundo de **escucha**, no habrá servido para mucho.

RUEDA PARA DESARROLLAR
LA EMPATÍA

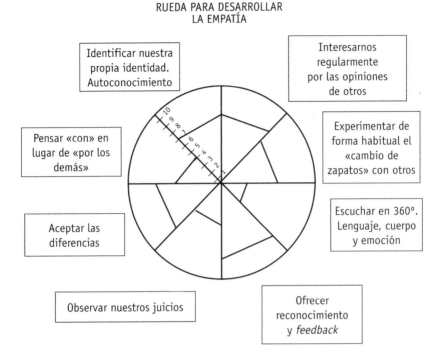

¿Cómo es tu rueda?

Y de escuchar queremos hablarte ahora.

La empatía no puede producirse, por mucho entrenamiento que hagas en otros aspectos de tu rueda, si no hay escucha.

¿Sabes escuchar? ¿Te sientes escuchada?

Escuchar significa poner atención en oír, querer comprender, y centrarse en la persona.

Cuando escuchamos nos predisponemos a entrenar y desarrollar la competencia relacional. Se trata de poner todo nuestro ser en comprender, de la manera más neutra posible, la realidad del otro. La **escucha activa** nos lleva más allá de las palabras, abrimos todos nuestros sentidos para recibir la información que nos ayude en esa comprensión.

Como ya hemos descrito con la empatía, no solo escuchamos

con los oídos, también escuchamos con la mirada, con el cuerpo, con la respiración. Oír y escuchar no es lo mismo. Oír es una capacidad fisiológica que, si no muestra defectos, nos permite predisponernos a la escucha.

Escuchar requiere un esfuerzo de atención que transmita a la otra persona que todo nuestro interés está puesto en lo que está contando. Saber escuchar nos ayuda a sentirnos respetados y acogidos en nuestro mapa emocional.

Mientras escuchamos estamos creando un espacio de interrelación, un puente emocional de conexión.

Según diversos estudios, recibimos la información de la siguiente forma:

1 % a través de la boca.
1,5 % a través de las manos.
3,5 % a través del olfato.
11 % a través del oído.
83 % a través del ojo.

Todo nuestro cuerpo habla y escucha.

Adoptar una actitud de escucha supone apartar nuestros pensamientos y concentrarnos en las expresiones del otro. Necesita toda nuestra energía en el momento presente, toda la energía concentrada en las necesidades del otro para hacerle sentir reconocido y estimado.

Como afirma Eric Berne, a la satisfacción de esa necesidad, de acuerdo con la teoría del análisis transaccional, se le denomina «caricia» en línea con el significado de los refuerzos positivos.

Parece que escuchar es, entonces, algo esencial. Sin escucha no hay respeto y difícilmente podremos poner en marcha nuestras conductas asertivas. Si se trata de una habilidad que nos capacita, ¿por qué no escuchamos de forma activa?

Ahora veremos algunos impedimentos concretos, pero existe una barrera natural y automática que tiene que ver con defendernos psicológicamente de situaciones que no podemos o que no queremos afrontar o que nos pueden alterar, como dice Alfred A. Tomatis: «Cerrar la escucha implica a nivel neurofisiológico una serie de cambios sobre todo en el oído medio (martillo, yunque y estribo) que dificultan una escucha activa íntegra, provocando alteraciones en el mensaje emitido que el cerebro no puede codificar íntegramente, o provocando que dicho mensaje nos impacte a nivel emocional».*

Veamos ahora qué otros obstáculos entorpecen la escucha activa. En grandes áreas, distinguimos:

Físicos y ambientales: ruidos, temperatura, comodidad, luz, cansancio.

Área emocional: sentimientos del que escucha, contagios emocionales.

Área cognitiva o mental: creencias, omisiones, distorsiones, foco de pensamiento.

Escuchar de forma activa no es fácil, y si tenemos en cuenta otro tipo de barreras, entenderemos que se trata de un entrenamiento en la observación de nuestra predisposición:

---

* Alfred A. Tomatis, «Hacia la escucha humana», en: Healthmanaging.com.

1. Barrera de la *ansiedad*: se pone en marcha cuando tenemos el *foco puesto en nosotros*, porque es lo que tenemos que hacer o decir. Comienza un diálogo interno que es el que escuchamos en realidad.

2. Barrera de los *juicios*: cuando dirigimos nuestros pensamientos a patrones personales, normas, creencias, en lugar de estar atentas a lo que cuenta la persona.

3. Barrera de la *prisa*: no dejamos que el otro termine sus planteamientos, queremos que corra más o tarde menos.

4. Barrera de la *apatía*: damos la razón con gestos e incluso con monosílabos sin prestar atención al mensaje.

5. Barrera de los *consejos*: cuando decidimos solucionar las dificultades de los demás, desde nuestro «mapa», asumiendo que nuestra perspectiva de la realidad es la única realidad.

6. Barrera de la *trivialidad*: usamos generalizaciones, y tendemos a escapar de los temas comprometidos normalizando el mensaje.

Saber escuchar no es fácil, pero sí puede entrenarse como competencia emocional y relacional. Observar los obstáculos que nos impiden escuchar de forma activa será un primer paso para mejorar esta competencia interpersonal.

Elementos fundamentales de la escucha activa

Debemos tener en cuenta una serie de elementos fundamentales que contribuirán a que nuestra escucha se convierta en una habilidad:

1. *Cuida el entorno físico, el contexto*: ya hemos visto antes cómo puede interrumpir la escucha.

2. *Libera la mente*: vacía tus pensamientos de preocupaciones y de juicios. Adopta una actitud de confianza plena.

3. *La atención*: mantén el foco puesto en el otro y sus palabras, no en ti misma.

4. *El silencio*: es un poderoso recurso que ofrece un espacio a la otra persona para reconstruir su historia y a ti para interpretar y comprender el mensaje.

5. *La mirada*: conecta con la mirada. Mira a los ojos y establece un vínculo emocional con los demás, aunque con cuidado para no invadir y que pueda resultar agresiva.

6. *Observa más allá de las palabras*: gestos, lenguaje no verbal, tono de voz, respiración. Escucha los tres subdominios.

7. *El **rapport***: ya hemos hablado de él en la empatía. Es el «baile» con el otro. Adoptar sutilmente sus posturas corporales y acompañarle en sus gestos ayuda a comprender su estado y proporciona una acogida integral. En algunos momentos, el *rapport* puede resultar un espejo útil para que la persona vea reflejada su actitud ante el mensaje que transmite.

8. *Uso productivo del lenguaje*: hay técnicas como la reformulación, la normalización, la personalización, así como el uso de preguntas poderosas.

Técnicas eficaces en la escucha activa

Si queremos desarrollar nuestra habilidad de escucha activa necesitamos tomar conciencia de que se trata de un acto fundamental. Como entrenamiento, hay una serie de técnicas para dar respuestas útiles en el acto de escuchar. La retroalimentación es un paso esencial para que la escucha sea eficiente:

Reformulación

Se trata de una destreza que consiste en **devolver a la persona lo que expresa**, tanto de forma verbal como no verbal. Ofrece la certeza de ser comprendido más a fondo. Nos invita a seguir expresando estados de ánimo poco claros y así poder profundizar. Proporciona seguridad y fomenta la responsabilidad.

No importa lo que nosotras pensemos, importa lo que el otro cree de sí mismo. No importa lo que nosotras creamos, importa cómo se siente él/ella.

Algunos ejemplos de cómo reformular:

- *He oído que has dicho...* (reproducimos las mismas palabras).
- *Lo que has dicho es... ¿Qué has querido decir...?* (ponemos en orden lo escuchado y lo devolvemos con mayor claridad).
- *¿Cómo dirías entonces que te hace sentir esta situación?* (indagamos sobre el fondo emotivo, invitamos a la persona a que ponga nombre a su sentimiento.)

Personalización

La técnica de la personalización permite evitar la generalización y la abstracción. Hace que nos hagamos cargo de nuestras responsabilidades en el problema. Se trata de centrarse en la persona que está delante, en sus recursos reales y en el grado de capacidad que tiene o que desea, para superar sus dificultades. Tiene como objetivo focalizar a la persona en una comprensión auténtica de su dificultad evitando que pueda acomodarse culpando a las circunstancias externas.

Algunos ejemplos de personalización:

- *¿Qué significa para ti lo que estás viviendo?*
- *¿Qué haces tú para que tu problema deje de serlo?*
- *¿Cómo te sientes al tomar conciencia de que esa dificultad es tuya y de lo que significa para ti?*
- *¿Qué quieres hacer en relación con lo que puedes y con lo que crees que debes?*

Normalización

La normalización **disminuye** el grado de malestar o angustia. **Encuadra la dificultad** dentro de su contexto. Ayuda a concebir la dificultad como algo no extraño o patológico, sino como **algo solucionable o tratable**.

Afirmaciones que hagan ver a la persona que su problema es algo normal:

- *Siento mucho miedo de no poder ser un buen médico.*
- *Ser un buen médico es difícil, lleva muchos años de preparación. Es natural que sientas miedo, estás empezando.*

Hay un riesgo en la normalización y es que el otro no se sienta acogido en su dificultad, como si no estuviéramos comprendiendo su malestar. Es importante «hospedar emocionalmente» a las personas, haciéndolas sentir que hemos comprendido su malestar antes de usar esta técnica.

Parece entonces que la escucha nos ayuda a desarrollar una competencia relacional esencial, pero ¿qué más nos aporta?

Beneficios de la escucha

«La escucha es un acto espiritual que está impregnado de competencia interior», afirma J. C. Bermejo.[*]

Como competencia interpersonal, la escucha activa aporta muchos beneficios en nuestra relación con los demás:

- Hace que se genere una **comunicación positiva** en un clima adecuado.
- Permite captar el **sentido real del mensaje** que estamos oyendo, lo que evita malas interpretaciones.
- Nos permite **conocer mejor a los demás**.
- **Enriquece** nuestro mapa.
- Es un **acto de dar**.
- Genera **relaciones confiables**.

Escuchar desde el corazón y con el corazón se convierte en

---

[*] J. C. Bermejo, *Apuntes de relación de ayuda*, op. cit. (p. 41 en referencia a G. Colombero).

un instrumento de apoyo y reconocimiento; por lo tanto, si hacemos que los demás se sientan escuchados, generaremos el espacio adecuado para que nosotros también lo seamos y, así, nos sintamos respetados y valorados.

¿Cómo puedo entonces entrenar mi capacidad de escucha activa?

Algunas consideraciones para entrenar la escucha activa:

Ser accesible

Tener un lenguaje corporal atractivo. Esto significa posicionarse de una manera que resulte más acogedora y fácil para que la otra persona venga a hablar contigo. Es importante abordar a quien está hablando con nosotras con una postura abierta, con los brazos a un lado, por ejemplo, en lugar de cruzados.

Cruzar los brazos hacia dentro puede enviar información inconsciente de que no queremos tener una conversación. O, si estamos en medio de una conversación y nos mantenemos bostezando o mirando alrededor mientras alguien nos habla, se podría suponer que no estamos escuchando y no nos importa lo que nos tengan que decir. A la inversa, para demostrar que estamos escuchando y que nos preocupamos por lo que nos está contando, hay algunas claves del lenguaje corporal que nos pueden ayudar:

1. Elevar las cejas de vez en cuando.
2. Acercarnos ligeramente al otro.
3. Sonreír y reír cuando es apropiado.
4. Inclinar la cabeza al oír información nueva o interesante.

5. Asentir con la cabeza si estamos de acuerdo o entendemos lo que nos están diciendo.

Mantener el contacto visual

En la cultura occidental, el contacto visual es una forma no verbal para que el otro sepa que tiene su atención y respeto, dos factores importantes involucrados en tener una conversación productiva y en desarrollar nuestra asertividad.

Iniciar y mantener el contacto visual permite que la otra persona sepa que puede proceder con lo que quiere decir porque estamos listos para escuchar.

Escuchar sin distracción

Una parte importante de escuchar es ser capaz de obviar las zonas de «ruido de fondo», pensamientos y conversaciones, para centrarse en la conversación en la que participamos. Dejarnos distraer por otras cosas hace que nuestra atención disminuya y, por lo tanto, nuestra escucha se deteriore.

Apagar los teléfonos móviles es una manera educada y fácil de deshacerse de distracciones.

Escuchar con la intención de comprender

A veces nos centramos más en cómo vamos a responder cuando alguien está hablando con nosotras que en absorber y entender lo que el otro está tratando de comunicar. Eso no es un hábito de alguien que escucha bien. En lugar de pensar en tu respuesta, intenta absorber completamente lo que el otro está queriendo decirte e interpreta cada conversación como una oportunidad de aprendizaje.

Es posible que no siempre nos interese el tema, pero escuchar con la intención de comprender ofrece otros puntos de vista diferentes a los nuestros y una oportunidad para desarrollar nuestra capacidad de escucha.

Tener la mente abierta

Una regla básica de escuchar es: primero escuchar y luego opinar, si fuera el caso. Debemos esperar para poder formar nuestra opinión, porque una vez que consideramos que alguien es ignorante, superficial o está mal informado de inmediato lo dejamos de lado y no escuchamos lo que tiene que decir. Puede que no estemos de acuerdo con alguien, pero nunca lo descubriremos hasta que escuchemos sus ideas y opiniones.

Estate abierta a la idea de que tu perspectiva de las cosas no tiene por qué ser la única, o necesariamente la mejor manera de ver el mundo.

Evita tratar de ofrecer una solución inmediata

A veces, cuando las personas nos explican su problema, sentimos el impulso de ofrecerles una solución en lugar de escuchar lo que tienen que decir.

La mayoría de la gente pide consejo cuando lo quiere. Además, esa persona podría tan solo estar tratando de hablar a través de un problema para averiguar cómo resolverlo por sí misma, en lugar de pedirnos que averigüemos la respuesta.

Si alguien parece estar realmente luchando para averiguar qué hacer, y se nos ocurre una sugerencia que pensamos que podría ayudarle, por lo menos debemos obtener el permiso del otro y preguntarle algo así como: «Podría tener una idea acerca de cómo puedes resolverlo, ¿quieres oírla?».

No interrumpir

Interrumpir a alguien mientras habla es exactamente lo contrario de escuchar lo que tiene que decir, y envía una gran cantidad de mensajes como:

> «Lo que tengo que decir es más interesante y significativo que lo que tienes que decir tú».
> «Tú y tu opinión sois menos importantes que yo y mi opinión».
> «No tengo tiempo para escuchar cómo piensas o sientes».
> «Lo que tienes que decir no vale la pena escucharlo».
> «Voy a hacer todo lo que pueda para hablar, independientemente de que estés hablando tú».

Contrasta estos mensajes con las actitudes para una conducta asertiva de respeto y valoración del otro. ¡Son la antítesis!

Haz preguntas durante una pausa apropiada

En lugar de interrumpir para hacer una pregunta, espera un descanso natural y luego formula tu pregunta. De esta forma nos comprometemos con el otro para escuchar sus pensamientos y áreas de confusión. Demostramos que estamos lo bastante interesadas como para pedir alguna aclaración y seguir el patrón natural de una conversación de ida y vuelta, en lugar de simplemente hablar.

A veces, el otro menciona algo que se relaciona con nosotras mismas, y hacemos una pregunta que le lleva a salirse del tema del que estaba hablando. Cuando te das cuenta de que has sacado al otro de su tema original, debes volver a la conversación sobre el tema diciendo algo así como, «me encanta escuchar cosas acerca de tu coche, pero quiero seguir escuchando más acerca de lo que me estabas contando».

Muestra una actitud de escucha activa

El uso de una actitud de escucha activa nos ayuda a reforzar las prácticas de escucha positiva y fomentar la escucha respetuosa.

Tener una actitud de escucha activa significa:

- Reconocer que escuchar es tan importante como hablar en una conversación.
- Ser consciente de que escuchar es necesario para hacer intercambios productivos de información.
- Comprender que escuchar a los demás no solo es necesario, sino también beneficioso para mejorar la conversación.

Cuando te pido que me escuches y tú empiezas a darme consejos, no has hecho lo que te he pedido. Cuando te pido que me escuches y tú empiezas a decirme por qué no tendría que sentirme así, no respetas mis sentimientos. Cuando te pido que me escuches y tú sientes el deber de hacer algo para resolver mi problema, no respondes a mis necesidades. ¡Escúchame! Todo lo que te pido es que me escuches, no que hables ni que hagas. Solo que me escuches. Aconsejar es fácil. Pero yo no soy un incapaz. Quizá esté desanimado o en dificultad, pero yo no soy un inútil. Cuando tú haces por mí lo que yo mismo podría hacer y no necesito, no haces más que contribuir a mi inseguridad. Pero cuando aceptas, simplemente, que lo que siento me pertenece, aunque sea irracional, entonces no tengo que intentar hacértelo entender, sino empezar a descubrir lo que hay dentro de mí.

R. O'Donnell, *La escucha*,

en A. Pangrazzi

9

Automotivación

La automotivación, como vimos al comienzo de este libro, forma parte de nuestra vida en todas las áreas. Se pone en marcha por dos razones fundamentales: para cubrir una necesidad o para conseguir una meta. Se produce desde dentro y se pone en marcha sobre todo cuando necesitamos abordar alguna dificultad o cuando estamos inmersos en cualquier proyecto vital que no siempre reúne todos los requisitos. Es una fuerza que nos impulsa a actuar y necesita de un buen conocimiento de nosotras mismas (que, como vimos anteriormente, nos lo aporta el autoconocimiento). Es lo que influye para que nos comportemos de una determinada manera, lo que nos predispone a una conducta concreta. Por lo tanto, se trata de una actividad y de una actitud conscientes que procuramos activar para alinear nuestras conductas con la consecución de nuestros objetivos. Y aquí llega una reflexión sobre el tema que nos compete: ¿cuál es tu automotivación para desarrollar esa identidad asertiva?

Vamos a ver cómo desarrollar la competencia de automotivación puede ayudarte.

Empecemos por observar que antes de entrar a formar parte

de esa fuerza interna, hay otras que ya nos condicionan, ya que están fuera de nuestro control. Lo cuenta muy bien Josep Roca* cuando nos invita a tomar en consideración las realidades naturales, que llama *fuerzas*, que se organizan para influir en nosotros. Son la materia, la vida y la sociedad.

Entiende por *materia* todo lo que conlleva elementos energéticos como la luz, la temperatura, el oxígeno; por *vida*, la fuerza que nos hace formar parte de una historia y que nos ayuda a comprender nuestra realidad coyuntural, y por *sociedad*, el universo de convenciones lingüísticas, criterios de conocimiento, de costumbres, de comportamientos convenidos.

Las fuerzas no necesitan ni actitud ni creencia, suceden porque sí, y tenerlas en cuenta como parte de nuestros apoyos las convierte en refuerzos para conseguir alcanzar nuestras metas. Observa las tuyas: ¿cómo son? ¿Cómo te ayudan o condicionan en tu automotivación? Es un primer paso, ya que en muchas ocasiones se convierten en motivos para avanzar o para quedarnos estancados.

Además de estas fuerzas que nos presenta Josep Roca, existen otras fuentes de automotivación que van a ser útiles si en algún momento no encontramos la forma de impulsar las conductas que nos permitan ser como queramos ser. Estas fuentes son de dos tipos: internas y externas.

---

* Josep Roca i Balasch, doctor en Filosofía (énfasis en Psicología) por la Universitat de Barcelona. Presidente de la asociación académica Liceo Psicológico.

Las fuentes internas

Las **fuentes internas** de automotivación son *chorros de energía* a los que podemos conectarnos para ponernos en acción:

Nosotras mismas somos el punto de partida para una automotivación saludable y productiva. Somos nuestra propia inspiración, pero, eso sí, estaría bien definir algunas condiciones que nos ayudarán a que así sea:

Nuestro lenguaje interno vendrá desde nuestro guía, no desde nuestro crítico. Tal y como vimos en el capítulo 5, «Autoestima», nos hablaremos con respeto y, casi diría, con ternura. De otra forma, nuestra niña interior se sentirá reprendida y no nos aportará la energía que necesitamos.

Tendremos que observar nuestra forma de expresarnos hacia el exterior para que siempre usemos afirmaciones que nos potencien.

Será útil poner «foco» en aquellas cosas que queremos conseguir, en aquellas conductas que queremos cambiar, en aquellos hábitos que necesitamos sustituir.

Necesitaremos practicar las técnicas de visualización, es decir, desarrollar la capacidad de vernos realizando lo que deseamos.

Con este marco de referencia, podemos ser una excelente fuente de automotivación para conseguir sentirnos respetadas y valoradas, por nosotras y por los demás.

Nuestros valores. Los hemos citado al comienzo de este libro. Son motores. Observa cómo te recargas cuando los invocas. Veamos un ejemplo de cómo te ayudarán a desarrollar tu asertividad:

Estás en una reunión de trabajo y se está produciendo un desencuentro de posturas y opiniones. Tu jefe quiere tener la razón y, ante la imposibilidad de influir en el equipo, usa su jerarquía y con una conducta agresiva impone su criterio despreciando tu propuesta.

En ese momento te «enchufas» a tus valores: respeto, educación, dignidad, y le invitas a observar sus palabras y a saber cómo te has sentido con respecto a estos valores.

Sin perder el respeto por tu jefe, estableces un límite y muestras cómo quieres ser tratada.

Las metas. Definir tus metas va a ser siempre una fuente de automotivación. Es importante que pases de lo genérico a lo específico. Un ejemplo: «Quiero tener más libertad en la relación con mis padres». Es demasiado amplio. ¿Qué es «más libertad»? ¿Cuánta tienes? ¿En qué casos concretos de vuestra relación? ¿Con los dos a la vez o con cada uno en particular? Sin embargo, si concretas: «Quiero visitar a mis padres dos veces al mes», puedes poner en marcha muchas conductas que te harán sentir respetada y valorada. Empezará un proceso para conseguir tu meta que te producirá automotivación y compromiso. Después de conseguirla, te pondrás otra.

Este compromiso te hará sentir que te respetas y te valoras sin dejar de respetar y valorar a tus padres. Una forma más de desarrollar tu identidad asertiva.

El «para qué». El «para qué» fue una de las fuentes de automotivación que transformó nuestras vidas. Cuando empezamos a cuestionarnos para qué hacíamos muchas de las cosas que hacíamos, nos dimos cuenta de que más de un 30 % de nuestra vida no tenía sentido. Dejamos de llamar a algunas amigas, de ver algunos programas de televisión, y lo mantuvimos como filtro para muchas de nuestras conductas futuras. Con frecuencia, solemos filtrar las cosas que hacemos con un «para qué». Muchas dejan de ser importantes.

Es una de las fuentes de automotivación más poderosas. Crear tus propios «para qué» te ayudará a construir en ti un camino de propósito, que Martin Seligman reconoce como uno de los grandes caminos para generar bienestar en nuestras vidas.

Pero crear tu propio «para qué» tiene una serie de características:

- Es concreto, tiene identidad.
- Concierne a lo que es cotidiano.
- Debe trascender la acción.
- Activa los recursos internos.
- Hace converger el reto con la capacidad, nos coloca en estado de *flow*.*

* Estado de fluir, experiencia autotélica. El origen de la palabra «autotélico» es griego, de *auto* (en sí mismo) y *telos* (finalidad), y «se refiere a una

- Es atemporal.
- Silencia el diálogo interno.
- Se retroalimenta.

A continuación te mostramos una secuencia de preguntas que pueden ayudarte a identificarlo:

- ¿Cómo definirías la identidad (concreción) de tu «para qué»?
- ¿Qué aspectos cotidianos participan con/en él?
- ¿Qué acciones provoca?
- ¿Qué recursos te moviliza?
- ¿Sientes que es un reto?
- ¿Sientes que tienes talento para ello?
- ¿Puedes orientarte a ello en cualquier momento?
- ¿Cómo son tus pensamientos cuando te diriges o estás en él?
- ¿Puede ampliarse, crecer?

Los logros. Esas cosas que has intentado muchas veces y a las que has destinado esfuerzos de todo tipo para hacerlas realidad. Piensa en todos esos momentos en los que has dicho: «lo logré», escríbelos y construye tu *Hucha de logros*. ¿Por qué lo llamamos «hucha»? Porque genera un crédito emocional. ¿Qué queremos decir? Que cuando las cosas no salen bien,

---

actividad que se contiene en sí misma, que se realiza no por la esperanza de algún beneficio futuro, sino simplemente porque realizarla es en sí la recompensa» (Mihály Csíkszentmihályi, *Fluir*).

cuando nos sentimos poco respetadas o poco valoradas, por nosotras mismas o por los demás, nos quedamos descapitalizadas emocionalmente. Ser conscientes de los logros que hemos ido consiguiendo, bien por nuestras conductas, por nuestra forma de expresar un desacuerdo o tan solo porque hemos conseguido que «ese» familiar, amigo, compañero respete nuestro punto de vista, va a permitirnos recuperar ese estado emocional en los momentos difíciles.

La hucha de logros se construye cada día. Nuestra invitación es que tengas un bol, una urna, algún objeto físico en el que puedas ir acumulando todo aquello que consideres un logro para ti. Haz la prueba, escribe durante un par de semanas todos aquellos momentos en los que fuiste capaz de decir «no», de plantear tu punto de vista, de poner límites a las peticiones de otros.

Es como ir poniendo ladrillos para construir tu identidad asertiva y si alguno se cae, encontrarás un repuesto en tu hucha.

Las fuentes externas

Las **fuentes externas** de automotivación también suponen un buen suministro de energía.

El entorno físico. ¿En qué lugar pasas más horas al día? ¿Cómo consideras que influye en tu automotivación tu entorno físico? ¡Mucho! Influye mucho. El espacio donde estamos es una fuente externa de motivación positiva y también negativa. Reflexiona un momento sobre esos lugares en los que te sientes tan bien. Quizá en algún rincón de la casa, o en un sofá determinado o cuando estás en silencio en tu despacho. No siempre somos conscientes de lo importante que resulta para nuestro bienestar disfrutar de luz natural, tener una buena temperatura, determinados colores. Vamos a ver algunas de las pautas que harán de tu entorno físico una fuente de auto-motivación:

- Deberá tener una correcta iluminación, preferiblemente con luz natural.
- Estará limpio y ordenado.
- Tendrá una temperatura acorde a la estación del año que corresponda.
- Los colores mantendrán una armonía con tu personalidad.
- No tendrá olores estridentes que no hayan sido elegidos por ti.
- Te permitirá estar sola o acompañada en función de tus necesidades en cada momento.
- Tendrá incorporados elementos que te gustan, bien sea de decoración o naturales.

¿Quieres seguir haciendo tu lista? ¿Cómo te gustan tus espacios?

....
....
....
....
....
....

Observa cómo te sientes cuando piensas en tu rincón favorito. Estamos seguras de que te cargas de energía y te sientes respetada y valorada o, al menos, con fuerzas para conseguirlo, ¿verdad?

Tu entorno emocional. Todas esas personas que te rodean: tu familia, tu pareja, tus amigos, tus compañeros. Esas en las que confías y con las que compartes lo mejor y lo más difícil.

Nuestro entorno emocional es una fuente de automotivación. Pensar y contar con esas personas hace que nos sintamos seguras, dignas y respetadas. Es importante tener identificado con quién podemos contar cuando las cosas no van tan bien como nos gustaría. ¿Has identificado a esa persona?

La propuesta es tener en cuenta que siempre hay alguna circunstancia o alguien que nos hace perder el control de nosotras mismas. Y es entonces cuando tiramos de esta fuente de automotivación:

Llamamos a un amigo/a para compartir.
Contamos con algún familiar para tomar una decisión.
Pedimos apoyo a un ser querido para abordar un conflicto.

De nuevo, una competencia emocional nos ayuda a desarrollar esa identidad asertiva que nos aporta bienestar, seguridad, confianza y cariño.

Tus referentes. Esas personas que han dejado y dejan siempre una huella en ti. Piensas en ellas y te sientes segura. En una gran etapa de nuestras vidas, nuestros referentes fueron nuestros padres, quizá algún familiar que se hizo cargo de nosotros en nuestra infancia, tíos, abuelos. A medida que pasan los años, en el colegio, nuestros referentes suelen ser profesores. Tanto nos influyen, nos hacen sentir tan seguras, que en muchas ocasiones es la primera profesión que decimos que queremos escoger «cuando seamos mayores». Luego viene la adolescencia y los referentes empiezan a ser actores, músicos, deportistas. Todos aquellos con los que nos identificamos y nos hacen sentir en una tribu. Y así van pasando los años, luego aparece un profesor de la universidad, un político, un científico, un escritor o, de repente, tu abuelo, un amigo. Durante toda nuestra vida estamos buscando personas que sean capaces de invocar nuestra mejor versión. A veces nos proyectamos en ellos por admiración, otras nos sirven de inspiración. El caso es que son una fuente ineludible de automotivación.

Algunos son permanentes. En mi caso, por ejemplo, mi padre no ha dejado de ser mi referente. Cuando era niña me parecía un héroe, luego me pareció abierto, adelantado para su tiempo. Fueron pasando los años y me di cuenta de cómo se enfrentaba a sus circunstancias, cómo tomaba decisiones, cómo interpretaba la realidad. Ahora, que todavía tengo la suerte de disfrutarle, le invoco cuando me siento abatida. Ahí está él, lleno de energía, de «buen rollo». Hace poco ha cumplido 86 años y ha celebrado una fiesta de cumpleaños. Ha elegido el lugar, el menú, los regalos, las sorpresas. Ha diseñado las invitaciones, la música. Ha bailado con su novia, como si tuviera 30 años, romántico, elegante, caballeroso, seductor. Ese es mi padre, uno de mis referentes permanentes.

Esta fuente de motivación nos empodera porque invoca lo mejor de nosotras. Es rápida y eficaz porque nos aporta respuestas inmediatas. Supón que sientes que alguien te está invadiendo, casi agrediendo con su actitud o su conducta. Invocas a uno de tus referentes y sientes lo que haría ante esta situación. No tengo dudas, mi padre pondría límites y pediría respeto. Me ayuda traerle a mi memoria para tener conductas asertivas.

La capacidad de automotivarnos se pone especialmente a prueba cuando surgen dificultades, cuando nos sentimos cansadas, fracasadas, inseguras. Es el momento de mantener pensamientos que nos lleven a sentir que las cosas irán bien. Utilizar una fuente de automotivación que nos estimule puede significar el éxito, o el abandono y el fracaso.

El *flow*. Es ese tipo de actividad que haces sin pensar y disfrutando sin darte cuenta de que el tiempo pasa. En mi caso es escribir. Puedo estar horas escribiendo en mi ordenador y entro en una especie de paradoja de control. Tengo la sensación de estar controlando el tiempo, y la realidad es que no es así. Los estados de *flow* los describe Mihály Csíkszentmihályi en su libro *Fluir*, que te invitamos a leer.

Fluimos o, como nos dice Csíkszentmihályi, «entramos en estado de *flow*» cuando nuestras capacidades entran en equilibrio con los retos-desafíos que nos proponemos.

Es un estado emocional positivo que nos motiva y funciona como un antídoto ante la falta de energía o el malestar. Encontrar actividades que nos permitan entrar en este estado (el deporte, la música, una charla con un amigo) nos aportará seguridad, bienestar emocional y valor a nuestras vidas. Desde un estado así, podremos tomar decisiones sobre nuestras vidas que nos ayuden a conseguir el respeto y la valoración que necesitamos.

Pero veamos, ¿cómo podríamos identificar que entramos en un estado de *flow*?

- Nos daremos cuenta de que desaparece el miedo al fracaso.
- Desaparece el esfuerzo en la acción.
- Hacer lo que hacemos es un fin en sí mismo.
- Nos sentimos seguros en la actividad que realizamos.
- Hay atención plena.
- La sensación con el tiempo se distorsiona.

¿Cómo podemos provocar estados de *flow*?

- Estableciendo metas alcanzables.
- Fijando nuestra atención en las cosas que nos gustan.
- Concentrando nuestra atención en disfrutar de la acción, no del resultado.
- Identificando nuestra procrastinación y abandonándola.
- Cambiando nuestros «tengo que» por «quiero».

Desarrollar la competencia de automotivación va a necesitar de actitudes que estimulen tu disposición a utilizar tus fuentes internas.

Necesitas de una actitud **proactiva**. La proactividad implica la toma de iniciativa a la hora de desarrollar acciones que te ayuden a conseguir tus objetivos, por ejemplo, el objetivo puede ser tu asertividad. Esto significa que asumes de forma activa el pleno control de tus conductas.

Será necesario que tengas una actitud de **confianza** ante ti y ante los resultados de tus decisiones. La confianza produce un efecto redondo: cuanto más confías, más seguridad consigues; cuanta más seguridad consigues, más confías.

La pasión. O ese entusiasmo que conoces de ti para todo aquello que te gusta o que quieres conseguir. Despierta en ti la vehemencia suficiente para dominar tu voluntad y poner foco en lo que necesitas.

Sé firme y perseverante. Practica y entrena tu automotivación cada día. Conecta con todo aquello que te proporciona bienestar, logro, satisfacción. Sé constante. Que tu voluntad sea inquebrantable y continuada en la determinación de hacer lo que quieres o en cómo lo haces.

Comprueba el efecto que produce la competencia de automotivación, sus fuentes y sus actitudes. Aprovecha toda la energía que te aporta, úsala y te darás cuenta de que te resulta mucho más fácil poner los límites que necesitas y concederte el permiso para decir «no» a aquellas personas o situaciones que te impiden respetarte y valorarte como tú quieres hacerlo.

10

Habilidades sociales y comunicación

> Enfadarse es fácil: lo difícil es hacerlo con el tono adecuado.
>
> ARISTÓTELES

Piensa en una persona con la que sueles llevarte mal o con la que discutes frecuentemente. Pon aquí un supuesto «diálogo típico» que podría darse entre ambos:

Tú:

....

....

....

La otra persona:

....

....

....

Tú:

....

....

....

La otra persona:

....

....

....

Tú:

....

....

....

La otra persona:

....

....

....

¿Qué lenguaje sueles utilizar con esa persona? ¿Es tu lenguaje habitual? ¿Te comunicas de la misma forma con todo el mundo?

....

....

....

¿Qué lenguaje suele utilizar la otra persona contigo? ¿Crees que es su lenguaje habitual? ¿Crees que se comunica así con todo el mundo?

....

....

....

Todas tenemos en nuestro haber a personas, cercanas o no, con las que nos comunicamos mal. A veces es porque discutimos a menudo; otras, nos da la sensación de que hablamos idiomas diferentes. Quizá la otra persona es agresiva y no nos permite expresarnos o, al contrario, somos nosotras las agresivas y no permitimos que la otra persona se exprese. Y eso nos puede ocurrir con gente cercana: familiares, pareja o amistades; pero también con personas a las que no estamos unidas afectivamente, pero con las que tenemos que convivir, como por ejemplo en el trabajo.

Plantéate si vale la pena intentar comunicarte mejor con la persona en la que has pensado para hacer el ejercicio inicial. Puede que tengas la sensación de que no solo te ocurre con ella, sino con varias o incluso ¡con todas! Entonces habrá algo en ti que requiere ser modificado, ya sea tu forma de comunicarte o tu forma de ver las relaciones. Analicémoslo un poco.

Normalmente, si preguntamos a dos personas que están discutiendo, ¡las dos piensan que tienen razón y que la otra está equivocada! ¡Las dos piensan que se están expresando con claridad y que es la otra la que no entiende!

¿Qué ocurre? Ambas tienen razón desde su punto de vista. Ya lo hemos visto en los capítulos anteriores: somos un compendio de necesidades, satisfechas o no, creencias, valores... que juntos hacen que cada una de nosotras sea un puzle diferente al otro. Si tengo vértigo y me da terror subir a las alturas, me negaré en redondo a subir a una torre, por mucho que tú insistas en que hay unas vistas maravillosas que no me puedo perder. Y tú no entenderás que yo no quiera subir por una «tontería» como el vértigo, que seguro que se me pasará en cuanto esté arriba. Cada una de nosotras ve la realidad de forma tan singular, que lo curioso es precisamente que las comunicaciones fluidas y la sensación de complicidad existan y se den con relativa frecuencia. ¿Cómo se logra?

En primer lugar, aplicando la **empatía**. Si recuerdas el capítulo anterior, comprenderás que es imposible mantener una buena comunicación si no hay empatía.

Fíjate en la conversación «conflictiva» que has transcrito al principio de este capítulo. Vamos a aplicar un poco de empatía y otro poco de conocimiento sobre las necesidades humanas. ¿Recuerdas las necesidades del capítulo 3? Señala al lado de cada frase desde qué necesidad se está hablando: fisiológica, seguridad-pertenencia, afecto, reconocimiento, libertad, amor.

Es igual si aciertas o no. Lo importante es hacer el esfuerzo de ver el mundo con los ojos de la otra persona.

Pero no basta con eso. Para tener una buena comunicación, es necesario saber utilizar las **palabras adecuadas**, la **forma adecuada** y la **conducta no verbal adecuada** a cada persona y momento.

Palabras adecuadas para una comunicación satisfactoria

Las palabras pueden hacer daño. Frases en principio bienintencionadas pueden producir sufrimiento, dolor, enfado, molestia y suscitar que la persona se aleje de nosotros. Casi todo el mundo guarda en la memoria a algún antiguo amigo o amiga que, sin dar explicaciones, ha ido desapareciendo o se esfumó de golpe. ¿Qué ocurrió? ¿Estaba enfadado conmigo? Quizá, pero ¿por qué? Muchas veces la explicación se encuentra en las palabras, los imperativos que usamos con esa persona, los giros que dijimos en un momento dado que produjeron ese alejamiento de nuestro amigo.

Lee las frases que vienen a continuación, imagínatelas dichas en el tono que corresponde a su contenido y después anota tres emociones que te provocan:

Frase	Emociones
No pones de tu parte	....
	....
	....
Tienes que mejorar	....
	....
	....
¡No seas tonta!	....
	....
	....
¡Responsabilízate más!	....
	....
	....

Nosotras hicimos la prueba con un grupo de personas que amablemente se prestaron a colaborar y estas son las emociones que salieron con mayor frecuencia:

- Desasosiego
- Culpa
- Tristeza
- Incomprensión
- Ofensa
- Miedo
- Enfado
- Rechazo hacia mí
- Desconfianza

¿Te das cuenta? **La forma en la que decimos las cosas es casi más importante que el contenido. La forma toca directamente a nuestras emociones.**

Hay seis maneras principales de ensombrecer con nuestras palabras el significado de lo que queremos decir. Como podemos ver, algunas se pueden sustituir con facilidad por otro tipo de frases más respetuosas, mientras que algunas son perfectamente eliminables, ya que al expresarlas no estamos añadiendo nada al contenido de la frase y solo sirven para que la persona se sienta mal:

1. **Frases imperativas**

   «Haz…»

   «Sé…»

   Son órdenes que sitúan al otro de forma automática en una posición inferior. Además, suelen ir acompañadas de mandatos demasiado generales: «Tienes que mejorar», «Sé más activo».

   Se pueden sustituir por: «Intenta…», ¿Por qué no...?», «¿Puedes…?».

2. Frases exigentes

«Tienes que...»

«Deberías...»

Igual que las anteriores, ponen el listón demasiado alto y sitúan al interlocutor en posición de inferioridad.

También son fácilmente sustituibles por: «Intenta...», «¿Por qué no...?», «Prueba a...».

3. Frases peyorativas

«¿De verdad que no lo sabes?»

«¿Es posible que no te acuerdes?»

No añaden nada a la pregunta o constatación que acaba de hacer la persona y solo pretenden dejarla en evidencia. Se pueden eliminar sin que se pierda el contenido.

4. Frases paradójicas e insultantes

«No seas tonta.»

«Anda, cállate, bonita.»

Son paradójicas porque, al decir, por ejemplo, «no seas tonta» se está diciendo precisamente que la persona es tonta. Se pueden eliminar sin que se pierda el contenido.

5. Frases moralistas

«Tienes que poner más de tu parte.»

«Hay que ser más responsable.»

Culpan a la persona por no responder a unos supuestos criterios morales y son demasiado generales.

Se pueden sustituir por alguna frase que tenga que ver con la situación específica: «Procura organizarte mejor/Intenta planificarlo mejor la próxima vez».

6. Frases que chantajean

«Me has defraudado, no esperaba esto de ti.»

«Me estás haciendo mucho daño.»

Buscan la culpa o el malestar en la persona para que esta actúe de una manera determinada. Se pueden eliminar sin que se pierda el contenido o sustituir por una explicación clara de lo que deseamos que haga la otra persona.

Si quieres tener una buena comunicación, nunca lesiones el sentimiento de valía de la otra persona, comprometiendo indirectamente su inteligencia, cultura, preparación profesional, honestidad, madurez o carácter.

«Vaya tontería», estarán pensando muchas de las que estén leyendo esto. «Nos estamos convirtiendo en cursis que ya no aguantan nada. Si la persona es nuestra amiga o un familiar, ya sabrá que en el fondo la queremos, no deseamos hacerle daño, no estamos diciendo al pie de la letra esa frase que le hemos dicho…» Bueno, quizá en la mayoría de los casos ocurre así, pero ¿y si no? ¿Y si nuestro amigo o familiar no ha sobreentendido el significado que queríamos darle a nuestras palabras y se siente ofendido, no respetado, dolido? Puede ocurrir, por ejemplo, que la persona se diga a sí misma que es tonta o irresponsable. Si le espetamos: «Tienes que poner más de tu parte», estamos dándole, sin pretenderlo, donde más le duele. Sobre todo si nuestro interlocutor está en una posición más vulnerable que nosotras, por ejemplo niños, ancianos o enfermos; les haremos un gran bien modulando nuestras palabras para que se sientan dignos, respetados y considerados. Los niños suelen tomarse al pie de la letra lo que les decimos, y para ello «como saques mala nota te acordarás» significa «como-saques-mala-nota-te-acordarás», es decir: va a ocurrir algo terrible de lo que me acordaré toda la vida como saque una mala nota. Eso puede hacer que el niño se esfuerce más en estudiar, pero también puede provocar ansiedad, bloqueo e inseguridad.

Las personas ancianas o enfermas se encuentran en una situación de vulnerabilidad respecto a nosotras, lo que las hace ser dependientes emocionalmente. Acusarán mucho más las malas formas, las palabras duras, las exigencias e ironías. Lo mismo le ocurre a cualquier persona que, por la razón que sea, se siente insegura o en inferioridad respecto a los demás.

¿Y si al leer esto te estás sintiendo más víctima que verdugo? ¿Y si estas expresiones te las están aplicando a ti? Con buena autoestima, lograrás que no te afecten tanto y con técnicas asertivas podrás, quizá, contestar de forma satisfactoria para ti. Pero lo que es importante que tengas claro es que **no debes creerte** el contenido de esas expresiones. Te aseguramos que este tipo de frases en sí no aportan nada y solo buscan producir una reacción emocional, con lo cual tenemos derecho a ser tratadas con respeto y dignidad y no de esta forma.

A continuación te ponemos unas reglas para comunicarse de manera efectiva, que están encaminadas tanto a la persona que tiene un trato poco respetuoso (la que habla) como a la que recibe este trato (la que escucha).

Te proponemos el siguiente ejercicio: lee atentamente los consejos que se dan y señala aquellas expresiones que, de alguna forma, te afectan, ya sea como «hablante» o como «oyente». A continuación, intenta adaptar los consejos a tu estilo de lenguaje, utilizando los giros, las palabras y las expresiones que te sean más cómodos.

Reglas para respetar la figura de la persona que escucha*

1. Escucha de forma activa cuando el otro hable, es decir, repite lo más exactamente posible lo que la otra persona haya dicho.
   Ejemplo:
   «Entonces, si te he entendido bien, piensas que...», «¿lo que quieres decir es que...?».

2. Retrasa los puntos de divergencia y pon el énfasis inicial en los puntos de concordancia, antes de hablar de puntos conflictivos.
   Ejemplo:
   NO: «Estás completamente equivocado en lo que acabas de decir. Yo no puedo admitir...».
   SÍ: «Estoy de acuerdo en muchas cosas de las que has dicho, por ejemplo... pero en lo que has dicho sobre X, pienso que...».

3. Solidarízate con lo negativo que haya manifestado la otra persona.
   Ejemplo:
   «Qué mal lo debiste de pasar, entiendo tu desesperación».

* Adaptado de M.ª Fernanda Ayán San José, Curso «Entrenamiento en Habilidades Sociales y Asertividad», V Escuela de Verano de Psicología, Madrid, 8-12 de julio de 1991.

4. Habla «el mismo lenguaje» que tu interlocutor, no introduciendo vocablos que intuyas que sean desconocidos para él o se presten a confusión.

    Ejemplo:

    No utilices, si no vienen al caso, tecnicismos ante personas menos cultas o en conversaciones informales; palabras soeces o de jerga ante personas mayores o que sabes que no te van a entender, etc.

5. Utiliza técnicas de elogio indirecto.

    Ejemplo:

    Recordar el nombre de la otra persona y citarlo, hablarle de lo que le interese o preocupe, recordar hechos importantes para él/ella, hacer preguntas cuya respuesta intuimos que va a serle grata, recordar cosas dichas por él/ella en ocasiones anteriores, etc.

6. Utiliza técnicas de elogio directo, es decir, elogia hechos concretos y no solo cosas globales.

    Ejemplo:

    «Eres muy responsable en tu trabajo y cuando te comprometes a algo, lo cumples».

7. Si tienes que criticar a la otra persona, ten en cuenta los siguientes puntos:

    • Habla objetivamente de lo que te parece criticable, sin hacer descalificaciones globales.
    • Da importancia exclusiva a las soluciones de futuro y deja la crítica del pasado, que como pasado ya no tiene solución.

- Plantéate si el cambio a corregir es posible.
- Señala las ventajas del cambio a la persona cuyo comportamiento estás criticando. Las ventajas deben estar basadas en el modelo mental del criticado, no del que critica.

Reglas para respetar la figura de la persona que habla*

1. Date la importancia que mereces como persona: no te autominimices de forma gratuita.

    Ejemplo:

    NO: «Si no te importa atenderme... espero no hacerte perder demasiado tiempo».

    SÍ: «¿Tienes un minuto? Querría comentarte una cosa...».

2. Convierte en impersonal las situaciones que no sean satisfactorias o de difícil solución.

    Ejemplo:

    NO: «No sé cómo puedo arreglar esto».

    SÍ: «No sé cómo se puede solucionar esto».

3. No apeles directamente a la credibilidad de la otra persona con términos tales como: «Créeme», «De verdad te lo digo»...

4. Céntrate solo en tu conducta errónea, si la ha habido, no utilices la autocrítica global y gratuitamente:

    Ejemplo:

---

* Adaptado de M.ª Fernanda Ayán San José, *op. cit.*

NO: «Confieso que me equivoqué cuando te aconsejé».

SÍ: «Aun con mi mejor intención hacia ti, el consejo no fue adecuado. Lo siento».

5. Acepta los elogios ajenos sin disculpas, disminuciones, explicaciones, etc.

   Ejemplo:

   NO: «Bueno, en realidad no es mérito mío, cualquiera hubiera hecho lo mismo».

   SÍ: «Me alegra mucho haberte sido útil».

6. Personaliza cuando aludas a situaciones positivas, favores que hayas podido hacer, utilidades que puedas prestar.

   Ejemplo:

   NO: «Esto es fácil de solucionar».

   SÍ: «Voy a intentar solucionarlo».

7. Evita las palabras negativas (temor, preocupaciones, problemas, dificultades...) cuando hables de un problema o una situación difícil.

   Ejemplo:

   NO: «Me temo que no vamos a llegar a ninguna solución al problema».

   SÍ: «Tendremos que pensar bien la solución a esta situación».

8. Reduce lo que quieras decirle a una persona a una o dos frases. No te embrolles dando explicaciones. Es mejor utilizar dos argumentos muy buenos que dos muy buenos, tres buenos y cuatro regulares.

Ejemplo:

NO: «Quería decirte que... si no te importa... vamos, que tampoco pasa nada si...».

SÍ: «Por favor, ¿te importaría fumar menos cuando esté yo? Tengo un problema en los pulmones».

Conducta no verbal para una comunicación satisfactoria

Más importante todavía que lo que decimos es cómo lo decimos, todo lo que gira alrededor de nuestras palabras, lo llamado «no verbal». Uno de los primeros investigadores sobre la materia, Albert Mehrabian, concluyó que, en un mensaje, nos fijamos en un 7 % en las palabras, en un 38 % en el tono y en un 55 % en lo no verbal.* Él mismo matizó más tarde esta afirmación, pero no deja de ser sorprendente la cantidad de espacio en nuestro cerebro que ocupamos para decodificar y expresar los componentes no verbales de un mensaje, en relación con los componentes verbales. Pero tampoco es de extrañar: lo no verbal habla a nuestras emociones y, como estamos hechos para servirnos de nuestras emociones como guía para actuar, en primera instancia haremos siempre más caso a lo emocional que a lo racional. Y todo eso será en un plano inconsciente, aunque podamos hacerlo consciente. Si una persona «no nos cuadra», ahí estarán nuestras emociones, que habrán captado algún signo

* Albert Mehrabian y Morton Wiener, «Decoding of Inconsistent Communications», *Journal of Personality and Social Psychology*, n.º 6 (1967), pp. 109-114.

no verbal que no encaja con nosotros. ¡Y tenemos que hacerles caso!

Pero ¿cuáles son estos componentes no verbales que aparecen en las conversaciones? Vamos a conocerlos:

1. La mirada

Es el factor más evidente de la comunicación no verbal. El hecho de mirar o no a la otra persona, cuánto miramos y cómo miramos dice cómo nos sentimos respecto a la otra persona: si miramos cuando escuchamos, animamos a la otra persona a comunicarse. Si miramos a los ojos cuando hablamos, nuestro discurso será más convincente, porque estamos transmitiendo interés en la conversación y búsqueda de complicidad.

Por el contrario, cuando alguien no te está mirando en el momento en el que le estás comunicando algo importante, el mensaje que te transmite esta persona es que no le interesa lo que estás diciendo.

Muchas veces no miramos a la otra persona por vergüenza, timidez o inseguridad. Pero piensa cómo te sentirás si tu interlocutor no te mira. ¿Despreciada? ¿No tenida en cuenta?

2. La expresión facial

La expresión de la cara refleja el estado emocional de la persona, te indica si la persona que tienes delante comprende tu mensaje y si está de acuerdo contigo, en desacuerdo, sorprendido, indeciso, etc.

Las emociones básicas como la alegría, la sorpresa, la ira, la tristeza y el miedo se expresan a través de tres regiones fundamentales de la cara:

- Frente/cejas
- Ojos/párpados
- Parte inferior de la cara

Muy importante es la sonrisa social. En un principio está pensada para tender puentes, conciliar, reconciliar... Pero la sonrisa también puede ser irónica, hiriente o incluso agresiva: los animales muestran los dientes para resultar amenazantes.

3. La postura corporal

Expresa cómo se siente la persona interiormente según sea su manera de caminar, sentarse...

Existen cuatro tipos de posturas:

- Postura de acercamiento. Transmite atención y puede resultar positiva (simpatía) o negativa (invasiva).
- Postura de retirada. Es la postura relacionada con el rechazo, la repulsa o la indiferencia.
- Postura erguida. Transmite firmeza y seguridad, pero también puede reflejar orgullo, arrogancia o desprecio.
- Postura contraída. Es la postura propia de la depresión, la timidez o el abatimiento.

Hay que tener en cuenta que en la postura influyen mucho los componentes culturales: no es igual la distancia que mantienen dos personas árabes que dos alemanas, y ambas serán correctas dentro de su cultura.

4. Los gestos

Los gestos son movimientos desinhibidos. Sugieren franqueza, seguridad en uno mismo y espontaneidad por parte del que habla. Si son excesivos, denotan nerviosismo.

5. Componentes paralingüísticos

Este quinto elemento no verbal tiene que ver con cómo se transmite un mensaje e incluye:

- *Volumen.* Un volumen alto denota seguridad y superioridad, y es el componente principal de una comunicación agresiva.
- *Tono.* El tono puede ser irónico, amable, respetuoso, despreciativo, etc.
- *Fluidez.* Las excesivas vacilaciones o repeticiones pueden delatar nerviosismo o inseguridad.
- *Claridad y velocidad.* Hay que conseguir que el receptor no necesite sobreinterpretar aquello que se le dice. La excesiva rapidez o lentitud de un mensaje provoca que el mensaje se distorsione.

La comunicación no verbal es un componente esencial de la asertividad. Dependiendo del tipo de mirada, de la postura, del tono... un mismo contenido puede resultar agresivo, sumiso o asertivo.

La comunicación no verbal sumisa, agresiva y asertiva:

Mirada

Asertiva	No asertiva	Agresiva
Directa, mira a los ojos, mantenida y recíproca.	Baja, desviada, huidiza, no hay reciprocidad en el modelo sumiso.	Retadora, amenazante en el modelo agresivo.

Expresión facial

Asertiva	No asertiva
Muestra el estado emocional, proporciona retroalimentación y es congruente con el mensaje verbal que se transmite.	Intenta ocultar el estado emocional, no proporciona retroalimentación y es incongruente con el mensaje verbal.

Postura corporal

Asertiva	No asertiva
Postura activa, erecta y dando frente a la otra persona. Ligero acercamiento para demostrar interés.	Postura de retirada para transmitir rechazo o negativismo (modelo agresivo) o postura contraída que transmite miedo e inseguridad (modelo sumiso).

Gestos

Asertivos	No asertivos
Más frecuentes, desinhibidos, congruentes con el mensaje verbal.	Menos frecuentes, a veces incongruentes con el mensaje verbal (modelo sumiso). Rígidos, tajantes (modelo agresivo).

11

Técnicas asertivas

Si repasamos lo leído hasta ahora, veremos que la forma de comunicarse que tiene una mujer que se conoce, se quiere y se regula emocionalmente es bien diferente de la de una mujer que no se conoce ni se quiere. Muy a su pesar y sin desear en realidad comunicarse de esta forma, esta última buscará en la comunicación ver confirmadas sus necesidades de reconocimiento, afecto y valoración. Según le hayan mostrado que se puede conseguir, buscará cubrir estas necesidades desde la conducta sumisa o desde la conducta agresiva.

Si una persona se comporta de manera excesivamente agresiva o sumisa, es porque está intentando satisfacer una necesidad no cubierta.

Esta constatación puede ayudar a relativizar y a afrontar de otra forma a personas que están siendo agresivas con nosotras, por ejemplo. La solución no es «perdonarles» sin más, porque eso no sería asertivo (no estaríamos velando por nosotras), pero sí afrontar a la persona desde el ángulo de que el problema es suyo, no nuestro. Con respeto y valoración, podemos mostrarle que «**así no**» va a conseguir nada, «**así no**» se nos trata, «**así no**» vamos a continuar hablando con ella.

¿Cómo es la forma de comunicarse de una persona que se quiere y respeta? Recordemos brevemente los parámetros que hemos visto hasta ahora:

- Empatía.
- Sinceridad.
- Igualdad entre los interlocutores.
- Asertividad.

Vamos a ver a continuación cómo modular nuestra comunicación verbal para que esta sea plenamente asertiva.

Formas básicas de conducta asertiva

Hay grandes listados de «trucos» asertivos que se pueden utilizar para diversas situaciones de aprieto, compromiso, aclaración de dudas o malentendidos, etc. Según el tipo o los tipos de situación en que la persona tenga mayores dificultades, deberá entrenar un tipo u otro de conducta. Pero hay unas cuantas formulaciones generales asertivas que te invitamos a aprender y a llevar siempre contigo, porque te van a ayudar a salir satisfecha de cualquier situación de interacción. Son las siguientes:

Respuesta asertiva elemental. Expresión llana y simple de los propios intereses y derechos.

Más que una forma concreta de expresar, es una actitud que deberíamos llevar siempre con nosotras.

Las típicas situaciones en las que es necesario utilizar esta forma básica de respuesta asertiva son interrupciones, descalificaciones, desvalorizaciones, etc. Siempre que nos sintamos, de alguna manera, «pisadas» por otras personas.

Cada cual deberá encontrar el tipo de frases con las que se sienta más cómoda para expresar que no tolera ser pasada por alto y que tiene unos derechos. Lo importante es que lo que se diga se haga en un tono de voz firme y claro pero no agresivo.

Típicos ejemplos de respuesta elemental serían: «No he terminado de hablar y quisiera hacerlo»; «Por favor, no insistas, te he dicho que no puedo»; «¿Me permites hablar un momento? No lo he hecho hasta ahora»; «No me grites, yo tampoco lo estoy haciendo», etc.

Respuesta asertiva ascendente. Elevación gradual de la firmeza de la respuesta asertiva.

Igual que en la anterior, más que una forma de respuesta es una pauta de comportamiento.

Cuando la otra persona no se da por aludida ante nuestros intentos de asertividad y nos ignora una y otra vez a nosotros y nuestros derechos, se hace necesario no achantarnos y no ceder terreno «por no insistir»; sino aumentar escalonadamente y con paciencia la firmeza de nuestra respuesta inicial.

Por ejemplo: «Por favor, no me interrumpas», «Te he pedido antes que no me interrumpieras. Me gustaría terminar lo que quería decir», «Mira, ¿podrías no interrumpirme? ¡No puedo hablar!», «Vamos a ver, ¿puedo terminar de hablar o no me vas a dejar?», etc.

En este punto conviene aclarar una duda que mucha gente se plantea: ¿qué ocurre si nos encontramos con una persona que, por muy asertiva que una sea, no responde a nuestros intentos de asertividad y nos pisa constantemente o es agresiva? La respuesta es muy clara: solo podemos influir en la conducta de los demás hasta cierto punto. Podemos señalar los límites más allá de los cuales no vamos a tolerar que se abuse de nosotras. Pero más allá de ese punto, el problema ya no es nuestro, sino del otro. Nunca podremos conseguir que la otra persona cambie si ella no quiere. Si un loco me ataca con un cuchillo por la calle, aunque yo sea la persona más equilibrada del mundo, no podré evitar el ataque. Igual ocurre con la asertividad: por muy asertiva que sea una persona, si su interlocutor no le deja serlo, de poco le valdrán las técnicas que aplique. Lo que tiene que quedarnos es la conciencia tranquila de haber obrado de forma correcta por nuestra parte, y la decisión sobre si queremos (¡y podemos!) continuar relacionándonos con esa persona. El resto de la responsabilidad recaerá sobre ella.

Asertividad positiva. Expresión adecuada de lo bueno y valioso que se ve en las otras personas.

Es, tal vez, la conducta asertiva más fácil de realizar, ya que la persona no tiene que implicarse directamente ni debe defenderse ante algo. La iniciativa parte de una misma, es decir, no es una respuesta a algo que emita otra persona, con lo cual no se presta a tener que improvisar.

La asertividad positiva consiste tan solo en expresar, con frases adecuadas y en el momento preciso, algo positivo de otra persona. Esto abarca desde «Te sienta bien tu nuevo peinado» hasta «Me gustó mucho lo que dijiste el otro día».

Con frecuencia nos olvidamos de expresar halagos y elogios a las demás personas, porque damos por hecho que lo positivo es lo normal. Sin embargo, a la hora de criticar, ya sea interna (autocrítica) o externamente, no ahorramos palabras. Pero, como recalca J. V. Bonet: «No tenemos derecho a criticar si no estamos dispuestos a elogiar». Por medio del aprendizaje de la asertividad, podemos ser más conscientes de este déficit y modificarlo.

Respuesta asertiva empática. Planteamiento inicial que transmite el reconocimiento hacia la otra persona y un planteamiento posterior sobre nuestros derechos e intereses.

Este tipo de respuesta se suele utilizar cuando, por la razón que sea, nos interesa sobre todo que la otra persona no se sienta herida, pero tampoco queremos que nos pasen por alto. Es una buena forma de detener un ataque agresivo ya que, en primer lugar, nos ponemos en el lugar de la otra persona, «comprendiéndola» a ella y sus razones, para, en segundo lugar, reivindicar que nosotras también tenemos derechos.

La respuesta sigue el esquema: «Entiendo que tú hagas..., (y tienes derecho a ello), pero...».

Ejemplos: «Entiendo que andes mal de tiempo y no me puedas devolver mis apuntes, pero es que los necesito con urgencia para mañana»; «Comprendo perfectamente tus razones, y desde tu punto de vista tienes razón, pero ponte en mi piel e intenta entenderme»; «Entiendo que ahora no quieras acompañarme a la fiesta y, por lo que me dices, tienes derecho a ello, pero yo lo tenía ya todo preparado para asistir», etc.

Mensaje yo

1. Descripción, sin condenar, del comportamiento del otro o de ambos.
2. Descripción de los propios sentimientos al respecto.
3. Descripción objetiva del efecto del comportamiento del otro.
4. Sugerencia de cambio en el otro o en ambos.

Este tipo de respuesta se utiliza en los casos en los que tenemos claro que el otro no ha querido agredirnos conscientemente. No es una fórmula confrontativa, por lo que la otra persona no se va a sentir atacada. Es mucho más efectivo exponer cómo algo que hace otra persona nos afecta, que atacar al otro y echarle la culpa de lo que nos hace. Esta forma de respuesta asertiva se presta a ser aplicada en situaciones de pareja, ante contrariedades por parte de algún amigo, etc. Se utiliza, sobre todo, para aclarar situaciones que se vienen repitiendo desde hace un tiempo.

El esquema de respuesta sería:

1. «Cuando tú haces/Cuando ambos hacemos...».
2. «Entonces, yo me siento...».
3. «Y por eso respondo...».
4. «Preferiría…/¿Por qué no…?».

Ejemplos: «Cuando me interrumpes sin dejarme terminar la frase, siento que no te interesa lo que estoy diciendo, por eso suelo gritarte. ¿Por qué no esperas a que termine las frases y me contestas entonces?», «Cuando nos enzarzamos en discutir sobre aquel asunto del pasado, me siento juzgada una y otra vez y por eso corto la conversación. Preferiría que no volviéramos a sacar el tema, ya que está todo dicho».

Veamos un ejemplo de respuestas asertivas. Lo haremos de la mano de Charo, a la que conocimos en el capítulo 1.

Charo tiene una madre algo complicada, que con frecuencia la critica y hace que se sienta mal. Ahora Charo va a intentar aplicar una serie de técnicas de asertividad ante los ataques de su madre. Lo que sigue es un ejemplo condensado de las muchas conversaciones que suelen tener, pero intentando aplicar las recién adquiridas técnicas de asertividad.

Hay que recordar que Charo es una persona adulta y, por lo tanto, tiene derecho a opinar sobre asuntos que conciernen a la casa. Por otro lado, la madre tiene mucha tendencia a gastar el dinero inútilmente, haciendo grandes inversiones o constantes reformas en la casa, que, ante la falta de recursos económicos, tienen que ser solventadas por su hija.

Te retamos a que identifiques los tipos de respuesta asertiva que utiliza Charo:

1. Madre: «Oye, Charo, hay que hacer reformas en la casa, y he decidido que tú te encargues de buscar a los albañiles. Pero tienes que elegir varios y pedirles presupuesto, no nos vayan a timar».
2. Charo: «A mí me gustaría hablarlo antes de tomar decisiones. Creo que no es necesario hacer reformas y, además, ahora mismo no tenemos dinero».
3. Madre: «Pues no sé por qué tenemos que hablar, si está muy claro: vamos a hacer reformas y tú te encargas de

buscar los albañiles. Yo ya decidiré luego a cuál elegimos».

4. Charo: «Sí, pero de todas maneras, creo que deberíamos pensarlo bien antes. Te repito que no tenemos dinero y que no creo que hagan falta reformas ahora».

5. Madre: «¿Qué pasa, que no te fías de mi criterio, como siempre?».

6. Charo: «Comprendo que mi actitud parezca de falta de confianza hacia ti, pero yo también tengo derecho a exponer mis opiniones».

7. Madre: «Ya, ya, pero en el fondo siempre es lo mismo: en esta casa nunca se me ha hecho caso, no se confía en mí, y lo demás son tonterías».

8. Charo: «Ya te he dicho antes que no se trata de falta de confianza, sino de que yo también tengo mis propias opiniones y me gustaría exponerlas».

9. Madre: «Pues no entiendo lo que me planteas. ¿Vamos a hacer las reformas o no?».

10. Charo: «Es que si tú me lo planteas como lo has hecho al principio, me siento avasallada porque no me das oportunidad de opinar. ¿No sería mejor hablarlo y llegar a una conclusión entre las dos?».

11. Madre: «Bueno, alabado sea Dios, pues lo hablamos...».

12. Charo: «Eso está muy bien, me alegro de que seas comprensiva...».*

---

* Tipos de respuesta asertiva utilizados por Charo: 2) asertividad elemental; 4) asertividad ascendente; 6) asertividad empática; 8) asertividad ascendente; 10) asertividad subjetiva; 12) asertividad positiva.

Técnicas específicas

Hemos visto antes formas generales de respuesta asertiva. Como decíamos, existen, a partir de estas, muchos otros tipos de respuesta asertiva, adecuadas a diversas situaciones. Hay respuestas más o menos «estereotipadas» para afrontar las críticas, para defenderse de ataques, para discutir de forma constructiva, para criticar correctamente, para reclamar perjuicios que nos hayan hecho, para realizar peticiones y hasta para comunicar correctamente los sentimientos. Ejemplos de estas respuestas se pueden encontrar en los muchos libros y artículos que se han escrito sobre el tema. En la bibliografía recomendamos algunos al respecto.

A modo de ejemplo, vamos a describir a continuación un paquete de técnicas que van encaminadas a llevar una discusión de forma asertiva.

Técnica del disco rayado. Esta es la técnica más extendida, y la que aparece en todos los libros que se han escrito al respecto.

Consiste en repetir el propio punto de vista una y otra vez, con tranquilidad, sin entrar en discusiones ni en las provocaciones de la otra persona.

Ejemplo:

—Tú tienes la culpa de que llegáramos tarde, como siempre.

—Tenía que terminar un trabajo y no tenía otro momento. *(Disco rayado.)*

—Pero es que siempre llegamos tarde a todas partes y estoy harto.

—Es verdad, pero en este caso, sabes que no podía hacer el trabajo en otro momento. *(Disco rayado.)*

—Pero es que siempre, por una causa u otra, eres tú la que nos hace llegar tarde.

—Será verdad, pero te repito que esta vez no tuve otro remedio que terminar el trabajo que tenía pendiente… *(Disco rayado.)*

Etc.

Como se ve, la técnica del disco rayado no ataca a la otra persona; es más, hasta le da la razón en ciertos aspectos, pero insiste en repetir su argumento una y otra vez hasta que la otra persona queda convencida o, por lo menos, se da cuenta de que no va a lograr nada más con sus ataques.

Banco de niebla. Esta es otra de las técnicas más extendidas. También se la llama «técnica de la claudicación simulada».

Consiste en dar la razón a la persona en lo que se considere que puede haber de cierto en sus críticas, pero negándose, a la vez, a entrar en mayores discusiones. Así, se dará una aparente cesión de terreno, sin cederlo realmente ya que, en el fondo, se deja claro que no se va a cambiar de postura.

Ejemplo:

—Tú tienes la culpa de que llegáramos tarde, como siempre.

—Sí, es una pena que hayamos llegado tarde. *(Banco de niebla.)*

—Claro, como siempre, tienes otras cosas que hacer antes de quedar.

—Pues sí, casi siempre tengo otras cosas que hacer antes. *(Banco de niebla.)*

—Pues estoy harto de que por tu culpa siempre lleguemos tarde.

—Ya, es verdad, siempre llegamos tarde. *(Banco de niebla.)*

La persona está demostrando que cambiará si lo estima conveniente, pero no porque el otro se empeñe en ello.

Para esta técnica es muy importante controlar el tono de voz en el que se emite la respuesta, ya que si se dice de forma dura y tajante o excesivamente despreciativa puede suscitar agresividad en el interlocutor.

El tono debe ser tranquilo y hasta ligeramente reflexivo, como meditando las palabras que nos dice el otro. (De hecho, quizá conviene realmente meditar sobre si la persona está teniendo razón con su crítica.)

Aplazamiento asertivo. Esta respuesta es muy útil para personas indecisas y que no tienen una rápida respuesta a mano, o para momentos en que nos sentimos abrumadas por la situación e incapaces de responder con claridad.

Consiste en aplazar la respuesta que vayamos a dar a la persona que nos ha criticado, hasta que nos sintamos más tranquilas y capaces de responder correctamente.

Ejemplo:

—Tú tienes la culpa de que llegáramos tarde, como siempre.

—Mira, es un tema muy polémico entre nosotros. Si

te parece, lo dejamos ahora, que tengo trabajo, y lo hablamos con calma mañana, ¿vale? *(Aplazamiento asertivo.)*

Si la persona insistiera, debemos insistir por nuestra parte, al estilo del disco rayado, en nuestra postura. Si uno no quiere discutir, no hay discusión posible.

Técnica para procesar el cambio. Esta técnica es muy útil, ya que no suscita agresividad en la otra persona ni incita a defenderse a nadie, y ayuda tanto a la persona que la emite como a la que la recibe.

Consiste en desplazar el foco de discusión hacia el análisis de lo que está ocurriendo entre las dos personas. Es como si nos saliéramos del contenido de lo que estamos hablando y nos viéramos «desde fuera».

Ejemplo:

—Tú tienes la culpa de que llegáramos tarde, como siempre.

—Pues no sé por qué lo dices. Llegamos tarde porque tú te empeñaste en grabar el partido de fútbol en vídeo.

—Pero ¡qué cara tienes! Yo me puse a grabar el partido porque vi que estabas pintándote y no acabas nunca. Además, tú sabes muy bien quién es el que siempre está esperando en la puerta y quién es la que, en el último momento, tiene mil cosas importantes que hacer…

—Mira, nos estamos saliendo de la cuestión. Nos vamos a desviar del tema y empezaremos a sacar trapos sucios. *(Procesamiento del cambio.)*

O:

—Estamos los dos muy cansados. Quizá esta discusión no tiene tanta importancia como le estamos dando, ¿no crees? (*Procesamiento del cambio.*)

Quizá lo más difícil en una discusión es precisamente lo que propugna esta técnica: ser capaces de mantenernos fríos y darnos cuenta de lo que está ocurriendo. No meternos de lleno en contenidos que no nos llevan a ninguna parte, no dejarnos provocar por incitaciones ante las que creemos necesario defendernos. Es mucho más efectivo reflejar de forma objetiva qué es lo que está ocurriendo y reconocer nuestra parte de culpa («estamos cansados los dos»), que defender a capa y espada cualquier pequeño ataque que nos envíen.

Técnica de ignorar. Esta técnica es parecida a la anterior, aunque en este caso la responsabilidad recae solo en la otra persona. Es aplicable cuando vemos a nuestro interlocutor sulfurado e iracundo y tememos que sus críticas terminen en una salva de insultos, sin llegar a tener la oportunidad de defendernos.

Ejemplo:

—¡Tú tienes la culpa de que llegáramos tarde, como siempre!

—Me parece que estás muy enfadado, así que creo que es mejor hablar de eso luego. (*Ignorar.*)

Como en la técnica del **banco de niebla**, en esta también es muy importante controlar el tono de voz con el que se emite. Un tono despectivo o brusco solo suscitaría mayor agresividad en el otro, ya de por sí enfadado, porque lo interpretaría como una provocación. Lo mejor es adoptar un tono especialmente amable y comprensivo, respetuoso con el enfado de la persona.

También podemos intentar confrontar a la persona con su propio discurso, siempre teniendo en cuenta que lo hacemos desde el respeto.

Por ejemplo:

—¿A mí? ¡No me pasa nada, estoy de maravilla!

—Bueno, me lo estás diciendo con los puños apretados y mordiéndote los labios.

Técnica del acuerdo asertivo. Esta técnica se parece, en parte, a la del *banco de niebla*, pero va un poco más allá, ya que no se queda en ceder terreno sin mayores comentarios, sino que deja claro, además, que una cosa es el error cometido y otra, el hecho de ser buena o mala persona. Es útil en situaciones en las que nos sentimos criticadas u ofendidas como personas, independientemente de que la otra persona tenga razón en lo que nos dice o no.

Ejemplo:

—Tú tienes la culpa de que llegáramos tarde, como siempre. ¡Eres un desastre!

—Tienes razón, llegamos tarde por mi culpa. Pero eso no significa que yo sea un desastre. *(Acuerdo asertivo.)*

Esta técnica logra «apaciguar» al interlocutor al admitir el error (si de verdad se ha cometido, ¿por qué no admitirlo?), pero separa claramente el «hacer» del «ser». Si aplicamos varias veces esta respuesta con personas que tienden a generalizar, podremos evitar el ser etiquetados en el futuro. No hay cosa más difícil que quitarse una etiqueta que nos ha puesto alguien. Esta técnica va encaminada a prevenir que esto ocurra.

Técnica de la pregunta asertiva. Esta técnica es muy antigua; de hecho responde al dicho de «convertir al enemigo en aliado» y es muy útil por eso.

Consiste en «pensar bien» de la persona que nos critica y dar por hecho que su crítica es bienintencionada (independientemente de que lo sea). Como de todo se puede aprender, obligaremos a la persona a que nos dé más información acerca de sus argumentos, para así tener claro a qué se refiere y en qué quiere que cambiemos. (Luego dependerá de nosotros el que cambiemos o no.)

Ejemplo:

—Tú tienes la culpa de que llegáramos tarde, como siempre.

—¿Qué es exactamente lo que te molesta de mi forma de actuar? *(Pregunta asertiva.)*

O:

—¿Cómo sugieres que cambie para que no se vuelva a repetir? *(Pregunta asertiva.)*

Si la persona da respuestas vagas, la obligaremos, por medio de nuestras preguntas, a especificar más. Cuando la crítica es malintencionada y está lanzada al vuelo, sin pensar, la persona pronto se quedará sin argumentos. Mientras que si está fundada en una reflexión, puede que en realidad, con sus datos, nos ayude a modificar algo de nuestra conducta. En cualquier caso, esta respuesta rompe los esquemas de nuestro interlocutor, ya que ni nos defendemos ni respondemos con agresividad a su crítica (y, de momento, tampoco cedemos, ya que solo nos limitamos a preguntar).

En cualquier caso, además de aplicar con soltura las diversas técnicas asertivas para discutir adecuadamente, es necesario recordar la recomendación de R. Lombardi: «Si (...) sientes la urgencia de criticar a alguien motivado por el odio o el resentimiento, cierra el pico hasta que tus sentimientos se serenen y te permitan criticar afirmativamente, si todavía lo consideras oportuno».

Tú misma puedes intentarlo. Elige una situación que te cause alguna dificultad, ya sea por responder de forma agresiva o sumisa. Para ello, consulta el siguiente listado:

Situaciones que requieren asertividad

1. Alguien te pide que le prestes algo (un libro, disco, dinero...) y no deseas hacerlo.
2. Alguien te pide un favor que no quieres hacer, por ejemplo que le acompañes a algún sitio, hables por él/ella, etc.
3. Alguien te regala algo que no estás dispuesta a aceptar, por ejemplo un abrigo de pieles, algo demasiado caro, etc.
4. Una profesora te llama la atención durante la clase de forma injusta y agresiva.
5. Tus padres insisten en darte consejos sobre lo que debes o no debes hacer y tú consideras que tienes que tomar tus propias decisiones.
6. Debes negociar la retribución económica que te corresponde y tu jefe no parece muy dispuesto a ello.
7. Estás en una situación de trabajo y tu inmediata superior opina de forma diferente a la tuya.

---

8. Estás en una reunión y cuando es tu turno de palabra, un compañero no te permite hablar, y te interrumpe constantemente.
9. Alguien con quien estás conversando te da una opinión que tú consideras inadecuada, por ejemplo respecto a la política, la ecología, el machismo, etc.
10. Observas que tu pareja da muestras (gestos, posturas, caras...) de estar enfadada o preocupada, pero no te dice nada.
11. Estás en la barra de un bar. El camarero está distraído charlando con otro cliente y no te atiende.
12. Tu jefe se muestra excesivamente crítico con tu labor, sin embargo manifiesta pocas razones objetivas y muchas interpretaciones erróneas.

Y ahora: ¿Hay alguna situación de tu vida parecida a las descritas? Si no, busca alguna situación reciente que te haya causado algún tipo de dificultad asertiva.

....

....

....

¿Cómo suele ser? Describe todos los detalles.

....

....

....

¿Qué tipo de respuesta asertiva utilizarías para cada caso?

....

....

....

¿Cómo podría ser, exactamente, tu respuesta asertiva con las palabras y frases que más cómodas te resultan?

....

....

....

Estudia los tipos de respuesta asertiva descritos. No te olvides de mirar tanto las formas básicas como las estrategias específicas para discutir.

Elige la o las respuestas asertivas que te parezcan más apropiadas para tu problemática y con las que más cómoda te sientas.

Ahora, cierra los ojos y trata de imaginarte la escena que has descrito. Intenta visualizar: todas las personas participantes, el contexto en el que suele tener lugar la escena (lugar, ruidos, olores...), la hora del día, la oscuridad o claridad, la decoración, etc. Lo importante es que logres imaginarte la escena de la forma más precisa posible.

Imagínate, ahora, a ti actuando con una de las técnicas asertivas que has elegido. Trata de verlo, también, de la manera más realista posible: qué dirías exactamente, qué gestos tendrías, qué expresión de la cara, etc.

Si ves que te sientes cómoda en tu «papel», repítete la escena unas cuantas veces más y procura aplicar lo imaginado en un ensayo lo más realista posible. Si te atreves, lánzate a ensayar en la vida real.

Si no te sientes «tú» interpretando esa respuesta asertiva, puede deberse a que tienes que elegir otra respuesta o modificar un poco la que habías elegido. Intenta encontrar otra que te vaya mejor. También puede deberse a que la ansiedad que sientes es tan fuerte que no te permite exhibir, ni siquiera mentalmente, la respuesta asertiva. En este caso, deberías ensayar unas técnicas de relajación.

Lo importante es que encuentres una respuesta asertiva con la que te sientas bien, que no te suponga hacer o decir cosas que no van contigo ni te haga sentir excesivamente forzada.

Aspectos importantes para la práctica de la asertividad

Por último, vamos a darte unos cuantos consejos generales que pueden serte útiles a la hora de aplicar las técnicas asertivas:

- Si eres de «pronto fácil», intenta detenerte o reduce tu agresividad cuando quieras conseguir algo. Es más efectiva la **asertividad ascendente**: empezar demandando suavemente, para ir aumentando la firmeza de acuerdo con la respuesta del otro. Si dudas sobre las intenciones del otro, antes de atacarle dirígete a él con una pregunta abierta: «¿Qué has querido decir con esto?».
- Si te sientes abrumada por algún tema conflictivo que te plantea la otra persona, o si te sugiere demasiados temas a la vez, utiliza el **aplazamiento asertivo**: plantea aplazar el tema para otro momento o hasta que tú te hayas aclarado.
- Si prevés una disputa con alguien por algún tema concreto, ten preparados dos o tres argumentos que puedas esgrimir y repítelos una y otra vez («**disco rayado**»). No permitas que la otra o las otras personas te pillen sin argumentos.
- Piensa siempre que tienes todo el derecho del mundo a ser como eres y a expresarte como tal.

- Si temes que el expresar tus emociones conlleve consecuencias negativas para ti, plantéate: ¿No tienes tú derecho a expresar lo que sientes? Esto tendría que estar por encima de las consecuencias que acarree. Una cosa es expresar sentimientos y otra, atajar asertivamente posibles manipulaciones o utilizaciones. Ambas acciones se pueden dar a la vez.

- Si tus expresiones de sentimiento son utilizadas con posterioridad en tu contra, tendrás que defenderlas asertivamente, por ejemplo: «El que yo haya dicho... no quiere decir que...», «Estás utilizando mi... para...» o «Te estás yendo a otro tema».

- Recuerda que no se puede utilizar nada en tu contra **si tú no quieres**. Puedes pensar que tienes derecho a expresar lo que quieras y que nada va a coartar tu manifestación de sentimiento mejor que tú misma.

- A veces es bueno tener preparadas frases estándar o muletillas para afrontar situaciones difíciles. Tal es el caso de dar el pésame, preguntar por alguien enfermo o tener que dar explicaciones que no se desean dar. Podrían ser, por ejemplo (para el caso del pésame): «Siento lo de tu padre» o «Me enteré de lo de tu padre. Lo siento». No hace falta recurrir a frases anticuadas y que te harán sentirte raro, del estilo de «Mi más sentido pésame». Con una frase sencilla basta. Lo mismo ocurre cuando no quieres contestar a una pregunta «íntima» o alguien te pregunta por tu estado de ánimo y no te apetece dar explicaciones. En vez de entrar en una dinámica de negación o de agresividad, ten preparada una muletilla: «Ahora prefiero no contártelo. Te lo diré cuando esté más tranquila» o «Prefiero estar sola. Mañana te lo cuento todo».

- **Y ten siempre presentes tus Derechos Asertivos.** Recurre a ellos cuando sientas que algo no ha ido bien en una interacción. Te ayudarán a clasificarte y a elegir las herramientas adecuadas.

TERCERA PARTE

La mujer asertiva en sus diferentes roles

12

La mujer asertiva como madre

Antes de empezar a reflexionar sobre el papel de la mujer como madre, te invitamos a que rellenes este pequeño cuestionario:

Defínete como mujer:

Soy: ....

....

Defínete como madre:

Soy: ....

....

¿Hay discrepancias entre un papel y el otro? Si las hay, ¿son muy grandes?

....

....

¿Sientes que los dos papeles están atendidos por igual? ¿Eres más «mujer» que «madre»? ¿O eres más «madre» que «mujer»?

....

....

¿Cuáles son tus valores como madre? (véase el capítulo 4)

....

....

—*¡Que me des mi pelota!* —*gritaba Lucas, intentando quitarle la pelota a Hugo.*

—*¡Te la doy si seguimos jugando!* —*decía Hugo.*

—*No, ya no quiero jugar contigo, eres muy bruto y me haces daño* —*lloriqueó Lucas.*

—*Bueno, de todas formas es tarde y tendríamos que ir a hacer los deberes* —*interrumpió Claudia.*

—*¡Pues te quedas sin pelota!*

—*¡No! ¡Que me la des!*

Hugo y Lucas empezaron a forcejear. Mientras, Claudia se iba poniendo cada vez más nerviosa.

—*Dejad de pelearos y vámonos, porfa… Que tengo que hacer los deberes. ¡Que mi madre me va a echar la bronca!*

Al oír la palabra «madre», Lucas reaccionó y entonó un «Mamaaa» que resonó por todo el barrio.

Eso enervó más todavía a Hugo.

—*Eso, y ahora encima llamas a tu mamá para que te salve, como siempre; eres una niñata* —*dijo, e intentó darle una patada.*

Pero de pronto apareció la madre de Lucas. Este corrió a sus brazos, llorando y gritando:

—*Me ha quitado la pelota… y me ha dado una patada…*

La madre de Lucas se encaró con Hugo:

—*Pero ¿por qué le haces esto a mi hijo? Seguro que él no te ha hecho nada, eres un abusón. Como sigas así, hablaré con tu madre y con tu profesora y con el director del colegio, porque vamos, esto ya raya el acoso y tú sabes que eso es motivo de denuncia, ¿no?*

Hugo permanecía mirando al suelo, con los labios apretados y los puños cerrados.

—Bueno, chicos, yo me voy, ¿eh? Venga, mañana nos vemos, adiós —interrumpió nerviosa Claudia, aprovechando una breve pausa que hizo la madre de Lucas.

Nadie la miró; la madre de Lucas murmuró un «hasta luego», cogió fuertemente de la mano a Lucas y se fue con pasos enérgicos. Al irse, Lucas se dio la vuelta y le sacó la lengua a Hugo.

Este se quedó mirando cómo se iban y su cara fue pasando del enfado a la tristeza. Recogió la pelota de Lucas, que se había quedado olvidada en una esquina, y se encaminó a su casa.

Al entrar, fue a saludar a su madre. Esta estaba en el cuarto de baño, elegantemente vestida, dándose los últimos retoques en el pelo.

—Hola, mamá.

—Hola, cariño. Papá y yo nos vamos a cenar con un señor muy importante con el que papá quiere hacer negocios. ¿Te parece que voy guapa?

—Sí, mamá, vas muy guapa… Me acabo de pelear con Lucas, es un tonto mimado pero me he quedado con su pelota. Ha venido su madre y…

—Ah, vaya, qué cosas —le interrumpió su madre—. Bueno, yo ya me voy, te quedas con Elisenda, que te hará la cena, ¿vale, cariño? Venga, un besito, adiós.

Claudia, por su parte, llegó a casa sudorosa y jadeante por haber subido las escaleras de dos en dos. Como ya se imaginaba, su madre estaba casi esperándola en la puerta.

—*¿Qué horas son estas? ¿Y tus deberes?*

—*Sí, mamá, ya lo sé, pero hoy no tengo muchos deberes y además me da tiempo, tampoco es tan tarde y…*

—*Te lo he dicho mil veces, Claudia: yo decido cuándo es tarde y cuándo no. Te estamos pagando tus estudios, tú sabes que bien nos cuesta, y tu única responsabilidad es aprovechar al máximo esta oportunidad. No vas a ese colegio para jugar, sino para triunfar, o sea que ¡cumple con tu parte!*

—*Sí, mamá* —murmuró Claudia, y desapareció en su habitación.

¿Qué opinas de estas escenas? ¿Te parecen correctas las actitudes de las tres madres? Quizá tenemos que revelar una última cosa. ¿Qué edad crees que tienen Lucas, Hugo y Claudia? Piensa un rato… Tienen once años. ¿Sorprendida? Probablemente creías que tenían menos edad… pero te aseguro que la que hemos reflejado es una escena muy habitual hoy en día.

Vamos a plantearte otra pregunta. ¿Crees que estas madres quieren a sus hijos? La mamá de Lucas parece evidente que le quiere con abnegación, la de Claudia… quiere lo mejor para ella, luego también la querrá a su manera, y la de Hugo, le da un besito, le llama «cariño»… también parece quererle. Sin embargo, algo chirría, ¿no te parece? Habría que ver si sus hijos son realmente felices y se desarrollan en libertad con plenas facultades…

La mamá de Lucas es la llamada **mamá helicóptero**. Este término surgió en el año 1969, cuando Haim Ginott publicó su libro *Between Parent & Teenager*. Se refiere a las madres que sobreprotegen hasta el hastío a sus hijos. Ya sea por velar por su seguridad, por evitarles frustraciones y fracasos (las llamadas «madres apisonadora», que allanan el camino por donde van a pisar sus hijos) o para que sus hijos no sufran de poca autoestima, el caso es que este tipo de madres ha hecho de sus hijos el eje de sus vidas, alrededor del cual giran ellas, para estar siempre dispuestas a meter a sus retoños en una burbuja protegida. Así, no admiten una reprimenda del profesor a su hijo y le cuestionan constantemente, acompañan a sus hijos ya adolescentes o incluso jóvenes a matriculaciones, exámenes o entrevistas o se convierten en madres-chófer, siempre llevando al hijo de una actividad extraescolar a la otra o recogiéndolos cuando salen con los amigos. Son verdaderas «hipermadres».

Si la contemplamos en términos de asertividad, la madre de Lucas es **sumisa** a su hijo y sus necesidades.

La mamá de Claudia se podría englobar dentro del término de **mamá tigre**. Este término proviene del *bestseller* estadounidense, *Madre tigre-hijos leones*, de Amy Chua, que justifica y promulga una educación estricta, basada en el rendimiento y la competitividad, para conseguir criar hijos exitosos y preparados para triunfar en la sociedad. Aunque lo manifieste de otra forma, la madre de Claudia también es una «hipermadre», siempre encima de su hija, controlando todos sus movimientos y sin dejarla desarrollarse en libertad.

Bajo el prisma de la asertividad, la madre de Claudia es **agresiva**. No tiene para ello que gritar ni pegar, basta con que sea implacable con las necesidades de su hija, que no la atienda emocionalmente sino que se centre en exclusiva en su rendimiento y en el objetivo que se haya marcado para ella.

La mamá de Hugo es una **madre negligente**. Está más centrada en sí misma y sus necesidades que en las de su hijo. Le quiere, eso es verdad, pero no se preocupa demasiado por su bienestar emocional. Quizá cree que con darle cuidados físicos y materiales su hijo ya está suficientemente atendido; o piensa que a nivel emocional «los hijos se crían solos...». En cualquier caso, las necesidades de esta mujer tienen prioridad por encima de las de su hijo.

La conducta de la mamá de Hugo no es ni sumisa ni agresiva con su hijo. Seguramente es sumisa a las expectativas que cree que hay puestas sobre ella. Hemos puesto un ejemplo de una madre que parece bastante frívola, pero también hay otras causas de negligencia más trágicas, como pueden ser el tener alguna adicción o un problema psicológico o psiquiátrico.

¿Cuál de estos tres estilos educativos crees que beneficia más al niño? ¿Cuál le perjudica más? Quizá estás tentada de decir «el de la madre de Lucas le beneficia más, porque el niño se siente querido», pero no te equivoques.

La respuesta es que ninguno de los tres estilos es bueno para un desarrollo sano de los niños. Unos pecan por un lado y otros por el otro. Y la mejor forma de verlo es reflexionando sobre las repercusiones de cada estilo educativo en los propios niños.

Los niños como Lucas no saben ser independientes ni tomar decisiones de forma autónoma. A corto plazo, los efectos de la intervención de sus madres son estupendos: se sienten queridos y arropados, protegidos, y se solucionan sus problemas, sean de la índole que sean. Sin embargo, a la larga, irán desarrollando un autoconcepto de «incapaces». Date cuenta de que si, antes de que seas consciente de alguna dificultad, ya hay alguien que te evita enfrentarte a ella, lo que te está transmitiendo es que «tú solo no puedes». Esto causa gran inseguridad. Por esto mismo, estos niños no llegan a desarrollar competencias emocionales para enfrentarse a situaciones frustrantes o de conflicto. Todo ello les pasará factura cuando sean adolescentes, y más aún de adultos.

Estilo educativo	Ventajas	Inconvenientes
SOBREPROTECTOR: tipo «helicóptero» o «apisonadora».	El niño se siente querido. A corto plazo, se solucionan los problemas. El niño está controlado.	No se desarrolla la autonomía ni la independencia. Se va creando un autoconcepto de «no ser capaz» y un sentimiento general de inseguridad. El niño no desarrolla competencias emocionales para hacer frente a situaciones de frustración, conflicto o fracaso.

Las niñas como Claudia tenderán a ser dóciles y trabajadoras. La exigencia de su madre pasará pronto a ser una autoexigencia, de forma que no se podrá permitir fracasar. Serán muy competitivas y perfeccionistas, y es muy probable que tengan éxito en sus carreras profesionales. Pero eso irá acompañado muchas veces de grandes dosis de angustia y ansiedad. Estas personas sí desarrollan ciertas competencias emocionales para priorizar la tarea antes que a sí mismas (serán personas «sufridas»), pero no sabrán cuidar de sí mismas ni cómo reaccionar ante un fracaso. Seguramente desarrollen culpa como explicación a sus errores, ya sea culpando a los demás o autoinculpándose.

Estilo educativo	Ventajas	Inconvenientes
CONTROLADOR o «tigre».	Desarrollan grandes dosis de disciplina y fuerza de voluntad. Es probable que alcancen el éxito para el que han sido entrenados. Son personas obedientes y cómodas para los demás.	En el fondo, son personas inseguras que basan su autoestima en el rendimiento. Tienen miedos, angustia y ansiedad. El niño no desarrolla las competencias emocionales necesarias para cuidar de sí mismo.

Respecto a los niños como Hugo, es difícil generalizar. Depende del motivo por el que su madre no se ocupa de su bienestar emocional. Muchas veces se van convirtiendo en niños y jóvenes agresivos, rebeldes, demandantes de atención. Si la negligencia proviene de alguna adicción de la madre, sus hijos serán muy responsables, tanto de sí mismos como de sus madres, llegando a tener que responsabilizarse de situaciones que no les corresponden a su edad y para lo que emocionalmente aún son inmaduros. En cualquier caso, estos niños y jóvenes tienen un gran déficit de amor y reconocimiento, que intentarán buscar activamente entre sus amigos y parejas. Eso sí, sabrán desenvolverse bien en la vida y serán autosuficientes, porque están acostumbrados a resolver sus propios problemas por sí mismos.

Estilo educativo	Ventajas	Inconvenientes
NEGLIGENTE.	Son personas autosuficientes para desenvolverse en diversas situaciones. No reclaman claramente cariño ni valoración. Pueden ser personas muy responsables, que antes prefieren ocuparse de los otros que de sí mismos.	Necesitan llamar la atención, ya sea por su agresividad, rendimiento, ingenio… Tendrán tendencia a la culpa y a sentirse solos. El niño no desarrolla las competencias emocionales necesarias para cuidar de sí mismo.

¿Te ves reflejada en alguno de estos estilos educativos? La pregunta es muy difícil de contestar afirmativamente y estoy segura de que la mayoría de las personas pensarán: «Algo hay, pero no tan exagerado como lo pone aquí», o tenderán a minimizar las consecuencias tildando de exagerados los tres cuadros que hemos puesto.

Sea como sea, si has reconocido «algo», por muy pequeño que sea, en las anteriores descripciones, ¡enhorabuena! Estás en el camino de la mejora y el cambio.

Quizá es interesante, antes de continuar, ver cuál es la alternativa. Porque la hay y, por suerte, cada vez más madres son conscientes de ello e intentan seguir ese camino. Es el estilo asertivo (o democrático). Más adelante lo describiremos ampliamente, ahora solo plasmamos el cuadro sinóptico:

Estilo educativo	Ventajas	Inconvenientes
ASERTIVO O DEMOCRÁTICO	Desarrollan seguridad en sí mismos. Tienen criterios claros y confían en sí mismos. No necesitan reclamar atención ni cariño.	No están abocados a cubrir las necesidades emocionales de sus padres.

Como ves, el único inconveniente tiene un doble sentido: los niños educados en el estilo asertivo no logran cubrir las necesidades emocionales de sus padres… ¡porque ningún niño tendría que hacerlo! Pero esto lo veremos más adelante.

Posibles causas de la sobreprotección y la negligencia

Es curioso, hasta hace unas décadas la educación era muy severa y de «obediencia a la autoridad», por un lado, pero bastante más libre a nivel emocional y lúdico. Mientras el niño cumpliera con sus obligaciones, se le solía dejar en paz y los dos mundos, infantil y adulto, convivían sin mezclarse.

Hoy en día, la educación es mucho más permisiva y democrática, hay menos castigo y coacción, pero los niños se sienten ahogados. Se les sobreprotege tanto, se cuida tanto de su bienestar físico y emocional, que al final padres e hijos se funden en una burbuja en la que el niño tiene que ser preservado a toda costa de frustraciones, fracasos y errores. Las angustias de la madre son las angustias del hijo, y viceversa.

¿Qué está pasando? ¿Cómo hemos pasado de un modelo a otro?

Hay bastantes teorías que achacan este nuevo estilo de educación sobreprotectora a los cambios en la sociedad.

«Estamos en una cultura del miedo», dice el filósofo José Antonio Marina. «Hay un sentimiento de precariedad y provisionalidad y una reacción, que es la sobreprotección, el pensar que el niño no va a saber desenvolverse.»

Y Olga R. Sanmartín escribe: «El fenómeno se está expandiendo en nuestro país debido, en buena medida, a la inseguridad que ha instalado la crisis en las familias tras una década de crecimiento económico por la llegada de un mundo indefinido cuyas reglas nadie acaba de entender del todo bien».*

Incluso el mundo de la economía pide vela en este entierro y analiza el creciente desarrollo de la educación estilo «tigre», que es la otra cara de la misma moneda de la sobreprotección.

Según un estudio de los economistas Fabrizio Zilibotti y Matthias Doepke publicado por el National Bureau of Economic Research, la desigualdad y la crisis económica cambian los métodos educativos y hacen a los padres menos permisivos y más controladores.

El caso es que cada vez hay más competencia entre los padres por mostrar unos hijos que sacan buenas notas, son deportistas, tocan el piano, aprenden chino y, además, son los más populares de su clase. La sociedad es competitiva y hay que prepararse desde pequeños para triunfar.

* Olga R. Sanmartín, «Llegan los padres "helicóptero"», *El Mundo*, 9 de enero de 2015.

Pero hay algo más, a mi entender, sobre la verdadera causa de que proliferen estos estilos educativos que no favorecen la felicidad de los niños. ¿Qué nos contarían las madres de Lucas, Claudia y Hugo si les preguntáramos sobre ellas y sus historias? Imaginemos que les planteamos estas cuatro preguntas, sobre las que te invitamos a que reflexiones y contestes a su vez:

1) ¿Que te impulsa en la educación de tus hijos? ¿Por qué los educas así?

....

....

....

2) ¿Esta decisión tiene algo que ver con tu historia personal?

....

....

....

3) ¿Qué es lo que temes que ocurra si no los educaras así?

....

....

....

4) ¿Qué tanto por ciento de tu tiempo les dedicas a tus hijos y qué tanto por ciento a ti?

....

....

....

Veamos lo que contestan nuestras tres madres protagonistas:

A. G., madre de Lucas

1. *Quiero sobre todo que se sientan bien, que no sufran. El mundo está lleno de gente mala y los veo tan inocentes... los quiero preservar de cualquier peligro.*
2. *Yo era muy inocente, demasiado, y nadie nunca me protegió. Me he sentido sola muchas veces sin saber cómo resolver conflictos y he caído como un pajarito en manos de gente desaprensiva.*
3. *Me da mucho miedo que les hagan daño, que sufran, que caigan en malas manos...*
4. *Están en una edad en la que tengo que dedicar el cien por cien de mi tiempo a ellos.*

Paula Pérez, madre de Claudia Sánchez

1. *La motivación principal en la educación de mi hija es que sea una persona de provecho, que en un futuro pueda afrontar con éxito este mundo tan competitivo.*
2. *Sí. Me gustaría haber estudiado una carrera, haberme desarrollado profesionalmente y ser alguien en este mundo. No quiero que en mi hija se repitan las inseguridades y la precariedad que me ha perseguido toda la vida.*
3. *Mi miedo principal es que mi hija fracase. Es muy blanda y temo que no sea capaz de salir adelante por sí misma y triunfar. Eso me llenaría de vergüenza.*
4. *Me dedico el tiempo suficiente como para poder estar atenta a mi hija. Hago deporte, cuido mi cuerpo... en parte para que ella vea lo que es la disciplina; en parte porque, si no, las demás madres, que son todas «estupendas», me despreciarían.*

Gabriela Domínguez de la Peña, madre de Hugo

1. *Nunca me lo he planteado. Supongo que hago lo que todas las madres: cuido de que esté sano, que coma bien, vaya al colegio...*
2. *Yo era la menor de diez hermanos. La verdad es que nunca se me oía, nadie me tenía en cuenta y cuando decidí irme de casa, yo creo que sintieron alivio por ser una boca menos que alimentar. No sé si tiene que ver con la forma en que educo a mi hijo...*
3. *Mi mayor temor es dejar de gustar a mi marido. A él le encanta salir y yo le sigo allá adonde va, no sea que se fije en otra y me deje tirada. Hum... creo que no he contestado a la pregunta, ¿no?*
4. *Bueno, mi hijo por suerte está sano, se le ve contento, no suspende mucho, así que no necesita que le cuide mucho. Por suerte también, está Elisenda, que se ocupa maravillosamente de él cuando salimos o viajamos.*

Por si no te has dado cuenta, en las respuestas que nos dan estas tres madres vuelven a salir las ya muy citadas **necesidades emocionales**. Teniendo en cuenta que las tres más importantes son: seguridad, afiliación y reconocimiento, ¿cuáles crees que influyen en cada una de las madres para que hayan elegido un estilo educativo y no otro?

La madre de Lucas tiene un déficit en la necesidad de **seguridad**. Su emoción predominante es el **miedo**. Parece que nunca se ha sentido segura y no quiere que su hijo sufra lo mismo. Por eso le sobreprotege. Así, espera compensar en su hijo lo que ella no pudo sentir.

La madre de Claudia tiene un déficit en la necesidad de **reco-**

nocimiento. Su emoción predominante es el **enfado**. Está muy pendiente de los demás y se siente evaluada. Por eso controla tanto el rendimiento de Claudia. Quiere que su hija compense con su conducta lo que ella no alcanzó.

La madre de Hugo tiene un déficit en la necesidad de **afiliación o amor**. Su emoción predominante es la **tristeza**. Está dedicada casi exclusivamente a buscar ser digna del cariño y la aceptación de su marido... y en ese proceso se olvida de su hijo.

Esta última madre parece la más egoísta, ¿verdad? Ocupándose de sí misma y sus necesidades, sin darse cuenta de que tiene al lado a una personita que siente, piensa y necesita de su atención y cariño. Pero si contemplamos a las otras dos madres: ¿no piensan igualmente en sí mismas? ¿No ignoran en realidad a sus hijos, lo que piensan y sienten?

¿Te das cuenta? ¿Cuál es la verdadera causa de la proliferación de estos estilos educativos sobreprotectores, controladores o negligentes? ¿La sociedad? Lo que hace «la sociedad» es conectar con déficit en las tan frecuentes necesidades de seguridad, afecto y reconocimiento, y ofrecer una forma de creer obtenerlo: haciendo que los hijos cubran esas necesidades con su comportamiento.

Te invito a que reflexiones un poco. Las tres madres que hemos descrito te pueden sonar exageradas y, en efecto, hemos intentado describir los extremos de unas formas de comportamiento. Por otro lado, es cierto que nunca educamos a nuestros hijos de forma completamente libre de influencias: siempre se nos «cuelan» nuestras propias frustraciones, fracasos, expectativas... Añade al cuestionario anterior una quinta pregunta y observa tu contestación:

¿Qué necesidades, frustraciones, errores de tu vida piensas que vuelcas en tus hijos?

....

....

....

Cómo ser una madre asertiva

¿Qué tendrían que hacer las madres de Lucas, Claudia y Hugo para ser más felices y tener a su vez hijos más felices? Sorprendentemente, una única cosa: ATENDERSE A SÍ MISMAS.

«No hay nada que eleve más a un niño en la experiencia de la felicidad, amor y alegría que el amor que le pueda dar una madre que se ama a sí misma», decía muy certeramente Erich Fromm.

¿Te das cuenta? Si nos atendemos como personas independientes de nuestros hijos, como mujeres que somos, no necesitaremos que nadie, tampoco nuestros hijos, nos cubran ninguna necesidad.

La madre de Lucas, por ejemplo, podría escuchar más a su cuerpo. ¿Recuerdas el capítulo 7, «Autoestima»? Podría proponerse **detenerse** con mayor frecuencia, **escuchar** a su cuerpo y **atenderlo**. Quizá se daría cuenta de que necesita descansar, cuidarse físicamente, ponerse y sentirse guapa. Pensar más en ella que en peligros potenciales. Puede también **conocerse** más a sí misma, sus fuerzas y debilidades, para sentirse conectada con cómo es. Al sentirse más segura, podrá permitirse soltar las riendas de Lucas. Incluso podrían aprender juntos a ser más **asertivos** y hacer frente a situaciones de conflicto desde la confianza en que ambos tienen todo lo que hay que tener para desarrollarse como personas seguras de sí mismas.

La madre de Claudia podría analizar su **voz crítica**. Se daría cuenta de que se está tratando a sí misma con la misma dureza con la que trata a su hija. Quizá se detendrá entonces y analizará sus **creencias** y sus **valores**. Y podría aprender a **sustituir** su voz crítica por una más **cuidadora**, que le permita ser más flexible y amable con sus reglas y valores. Eso la llevaría a modificar su **lenguaje**, tanto cuando se habla a sí misma como cuando le habla a Claudia. Se podría decir, por ejemplo, que no necesita ser reconocida, porque ella tiene muchas cosas de las que puede estar orgullosa, como habrá sabido al **autoconocerse** y **automotivarse**. Esto le permitirá dejar de controlar tanto a Claudia y **empatizar** más con ella, reduciendo así la comunicación agresiva que tenía con su hija.

La madre de Hugo podría también **escuchar** más a su cuerpo y darse cariño. Podría aprender a quererse, atenderse y **cuidarse** sin esperar que otros lo hagan por ella. Le puede servir tener claros los **derechos asertivos**: «tengo derecho a mi descanso», «tengo derecho a decir NO sin sentir culpa»... y ver que Hugo también tiene unos derechos: «a ser escuchado», «a ser tenido en cuenta». Cuando logre atenderse a sí misma, podrá **empatizar** con su hijo y ver sus necesidades y emociones. Y aprenderá a atenderle y tenerle en cuenta una vez que haya aprendido a atenderse y a tenerse verdaderamente en cuenta a sí misma, desarrollando **habilidades de comunicación** auténtica con él.

Te toca a ti. Repasa los capítulos leídos hasta ahora.

¿Qué habilidad crees que te falta reforzar para realizarte como mujer **Y** madre, sin desdeñar ninguno de los dos papeles?

¿Qué ejercicio concreto puede servirte para sentir que te atiendes a ti **Y** a tus hijos?

13

La mujer asertiva como pareja

Claudia, Mireia y Fabiola han quedado para ir de compras. Claudia y Mireia hace rato que están esperando, cuando aparece Fabiola, acalorada.

—Perdonad, chicas, de verdad, perdonad, no he podido venir antes. Es que mi novia me ha vuelto a montar el escándalo. Que si con quién voy, que si a qué hora vuelvo, que si realmente era necesario quedar… Vamos, un poco más y no vengo…

Claudia y Mireia se miran, perplejas. Finalmente, Claudia interviene:

—Uy, pues a mí ya me gustaría que mi marido se preocupara tanto por mí. Yo creo que ni se ha enterado de que he quedado con vosotras. Todo el día a lo suyo, viendo la tele tumbado en el sofá. A mí ni me mira…

A lo que la interrumpe Mireia:

—Pues si a mí mi pareja me hace lo que la novia de Fabiola, vamos, se entera hasta el apuntador. Vamos, hombre, que ni puedas quedar con tus amigas sin que te someta a un interrogatorio, no sé cómo lo aguantas…

—Bueno… —contesta Fabiola—, el tema es que dice que me

quiere mucho y que por eso está detrás de lo que hago, para que no me influyáis negativamente, no sé…

—Bueno, quizá tiene razón tu novia —interviene Claudia—. El que vigile lo que haces significa que le importas, que se preocupa por ti… Mi marido, por ejemplo, no tiene conmigo ni un detalle, ni una iniciativa. Ya puedo soltarle todas las indirectas del mundo e incluso dejarle claro que estoy mal, que nada, siempre mira hacia otro lado. Yo creo que tu novia te quiere, Fabiola, mientras que mi marido… lo dudo mucho.

Fabiola y Mireia se miran extrañadas.

—Pero ¿estáis tontas? —interviene Mireia—. Parece que tenéis miedo de vuestras parejas. Si a mí me hiciera lo que le hace a Fabiola se lo dejaría bien claro que a mí ni una. Y lo de tu marido, Claudia, es que simplemente no lo entiendo…

—Claro, porque estás acostumbrada a tratarlo todo a base de broncas. Pero tampoco te va tan bien, ¿eh? Me acuerdo de que la última vez decías que teníais ciertos problemillas sexuales…

—Ya…. —De repente, Mireia parece desinflarse—. Yo no sé qué pasa. Él no quiere tener sexo conmigo, por mucho que lo intento… parece que sale corriendo. Dice que le gusto pero, la verdad, lo dudo. No me siento «mujer» para él.

Fabiola y Claudia se miran extrañadas.

—Pero, ¡Mireia! —exclama Fabiola—. ¡Tú eres una mujer como la copa de un pino! El sexo es un tema de mero disfrute…

—Ah —interviene Claudia—, pero ¿disfrutáis en el sexo? ¿Y eso cómo se consigue? Porque yo lo hago porque parece que son las únicas veces que le intereso, pero ¿disfrutar yo? Cero patatero.

Ahora les tocaría a Fabiola y a Mireia mirarse extrañas. Y así podríamos continuar indefinidamente, cada vez dos de ellas mirándose perplejas ante la extrañeza de lo que cuenta la otra.

Y, sin embargo, aquí tenemos tres ejemplos de circunstancias en la pareja que son más comunes de lo que pensamos. Quizá te sientas identificada con alguna de ellas.

Claudia: los grandes errores del amor romántico

> Nadie me conoce ni me quiere completamente.
> Solo me tengo a mí misma.
>
> SIMONE DE BEAUVOIR

Fíjate en lo que dice Claudia: «Mi marido, por ejemplo, no tiene conmigo ni un detalle, ni una iniciativa. Ya puedo soltarle todas las indirectas del mundo o dejarle claro que estoy mal, que nada, siempre mira hacia otro lado».

¿Te suena esta situación? ¿Sientes que tu pareja no te atiende lo que debería? Y para solucionarlo, ¿lanzas indirectas, pones «caras», te haces la víctima con tal de que tu pareja te tenga en cuenta? Si es así, ¿cuál es el resultado?

Lo más probable es que estos intentos de llamar la atención de la pareja caigan en saco roto, que nuestra autoestima disminuya poco a poco y, lo que es peor («Yo creo que tu novia te quiere, Fabiola, mientras que mi marido... lo dudo mucho»), confundamos ciertas actitudes con falta de amor.

El mundo de la pareja está lleno de mitos románticos que frases y películas se encargan de ensalzar, pero que son tremendamente dañinos... por ser falsos. Veamos alguno de estos mitos. Te invitamos a que hagas un feroz ejercicio de sinceridad contigo misma y reflexiones si en algún momento has pensado alguna de estas cosas. Te aseguro que la mayoría de las personas lo ha hecho:

- «Si me quiere, sabrá lo que necesito».
- «Si le quiero/me quiere tengo/tiene que darlo todo, perdonarlo todo, sacrificarme/sacrificarse por él/por mí».
- «Si le tengo que pedir atención o muestras de cariño, ya no tiene valor».

Todas estas actitudes parten de un mismo error: esperamos de forma pasiva que nos den lo que necesitamos. Solo así el amor es verdadero, sincero, abnegado. Pero esta actitud nos hace dependientes de la otra persona. Dependemos de él/ella para sentirnos bien. Eso nos hace más sensibles a la ausencia de atención e interpretamos cualquier signo de alejamiento como una «prueba» del desamor de nuestra pareja.

Pero ¿y si hoy nuestra pareja está preocupada por un asunto del trabajo y está más centrada en su tema que en nosotras? ¿Y si está molesta porque le duele el estómago y no puede atendernos al cien por cien?

Si la persona elegida no cumple, desarrollaremos rencor, enfado, sensación de injusticia… que a su vez nos llevan a enfadarnos, a soltar indirectas, a alejarnos de la otra persona… ¡Con las ganas que tenemos de que se nos escuche, se nos tenga en cuenta o se nos valore! ¡Que alguien nos cuide!

Estos malentendidos aparecen cuando no nos cuidamos lo suficiente y dejamos que sean los demás los que nos hagan sentir bien o mal.

La buena y mala noticia a la vez es que: **tú eres la única que**

sabe cómo cuidarse. Si lo necesitas, cuídate y no esperes que nadie lo haga por ti. Así serás libre.

Deberíamos actuar, pues, desde nosotras hacia el exterior y no desde el exterior hacia nosotras. Y dejarnos de supuestos románticos.

El amor no convierte a nadie en adivino. Es evidente. Sin embargo, cuántas veces habremos dicho o pensado eso de «Si me quiere, sabrá lo que necesito». Parece que, por querernos mucho, la persona va a desarrollar unas facultades extrasensoriales que le permitan leer nuestra mente, adivinar lo que deseamos, actuar amorosa y firmemente… y no es así. Cada cual llega hasta donde llega, y hay gente con más empatía que otra…, por lo tanto, no podemos supeditar nuestra felicidad al hecho de que la otra persona sepa en todo momento lo que necesitamos.

¿Cómo cuidarnos dentro de la pareja? Siendo capaces de manifestar cómo nos sentimos, qué necesitamos de la otra persona, de forma respetuosa, con nosotras y con la otra persona.

Te proponemos pasar a la práctica. Piensa en una necesidad que tengas y sientas que no está atendida por tu pareja. Después, sigue los pasos que te presentamos a continuación. A modo de ejemplo, te proponemos lo que podría contestar Claudia respecto a su marido:

a) **Clarifícate sobre qué es lo que quieres exactamente, ¿cuál es tu demanda?**

Pido algo a   *Pedro*

          ....

          Quiero que me escuche más.

          ....

Cuándo lo quiero   *Cuando desee contarle lo que me ha pasado en el día.*

....

Dónde lo quiero   *Sentados en el sofá ¡sin tele!*

....

Con quién   *Solos.*

....

b) **Señala el momento y un lugar para discutir el problema que te concierne.** No esperes a que la situación sea propicia porque corres el peligro de no considerar nunca «adecuada» la situación. Decide tú cuándo vas a realizar la petición eligiendo el momento, el lugar, la hora, etc. que, según tus conocimientos de la situación, sean más propicios. Si te parece conveniente, anuncia a la persona en cuestión que quieres hablar con ella y decidid juntos el momento adecuado.
Le propondré dar un paseo y ahí intentaré decírselo o, por lo menos, decidir cuándo hablarlo...

....

c) **Al realizar tu petición, ten en cuenta los siguientes pasos:**
1. Caracteriza la situación problema lo más detalladamente posible.

....

....

....

2. Exprésate por medio de un «Mensaje-Yo», es decir, presenta en tu demanda tus pensamientos, tus sentimientos y tus deseos.

«Cuando intento explicarte las cosas que me han pasado en el día, me siento ignorada y no respetada, por eso estoy enfadada tantas veces. ¿Por qué no intentamos dedicar un tiempo a contarnos las cosas sin la tele por medio? Podríamos dedicar un rato por las noches y luego ver la tele, si quieres.»

Cuando ....

me siento ....

y por eso hago ....

¿Por qué no .... ?

3. Limita mediante una o dos frases claras cuál es tu objetivo. ¡Sé concreta y firme! No pidas más de una o dos acciones específicas que la otra persona pueda comprender y recordar.

....

4. Acentúa la posibilidad de obtener lo que deseas si cuentas con la cooperación de la otra persona. Si es necesario, expresa las consecuencias negativas que traerá su falta de cooperación.

«Así dejaríamos de enfadarnos cada noche, que estamos los dos muy saturados, ¿verdad?»

....

5. No culpes o ataques a la otra persona. Intenta ser objetiva, es decir, cíñete a los hechos, no a las interpretaciones. Limita el motivo de tu malestar exclusivamente a la conducta problema, no a la totalidad de la persona.

«No diré nada como "eres un desconsiderado", "siempre vas a lo tuyo", "eres un egoísta".»

....

6. Sé específica. Da cifras y horas exactas de lo que deseas. No divagues. No pongas muchas condiciones. Describe lo que deseas en términos de conducta, no de cambio de actitud.

....

7. Utiliza un lenguaje corporal afirmativo: mantén el contacto visual, asegurándote una corta distancia con la persona. Mantén un tono de voz moderado. Habla claramente, de forma inteligible y segura.

Fabiola: los principios del maltrato

Nadie quiere a sus esclavos.

S. H.

Fíjate bien en lo que dice Fabiola: «Que si con quién voy, que si a qué hora vuelvo, que si realmente era necesario quedar... Vamos, un poco más y no vengo...».

¿Qué opinas sobre esto? ¿Te parece lo normal y esperable en una pareja?

«Dice que me quiere mucho y que por eso está detrás de lo que hago, para que no me influyáis negativamente, no sé...»

Si consideras que estas actitudes de la pareja de Fabiola son correctas y normales, te puede pasar como a Fabiola: corres un gran peligro de sufrir abusos emocionales y hasta de ser maltratada, psicológica o físicamente.

El maltrato en la pareja se desliza de forma sutil, sin que la víctima potencial se dé cuenta. Se nutre de muchas de las ideas románticas que explicábamos en el párrafo anterior. Fíjate en estas frases:

- «X me quiere tanto tanto que tiene celos de todo lo que hago. Hasta se enfada cuando quedo con amigas...».
- «X es encantador/a, sonriente, amable... Solo de vez en cuando se enfada y entonces es terrible: me insulta, me humilla... pero luego me pide perdón y, realmente, le pasa muy pocas veces».
- «Le gusta saber todo lo que hago y que no tenga secretos para él/ella, para que tengamos confianza plena y no nos ocultemos nada. Me mira el móvil, la agenda, pero a mí no me importa, no tengo nada que ocultarle».

¿Alguna vez te has visto diciendo o pensando cosas parecidas a estas? Aunque nunca te haya ocurrido, ¿ves lógico que ocurran estas cosas en según qué casos?

Así se forma el maltrato: justificando, perdonando, «comprendiendo» a la persona que te controla, teniendo tú a la vez sensación de control «porque luego me pide perdón» o «realmente lo hace muy pocas veces». Esas son las brechas que utiliza la persona que abusa para ir introduciéndose poco a poco en el cerebro de la víctima. Muchas veces, incluso puedes llegar a sentirte halagada: «me quiere tanto», «se pone fatal... ¡por mí!», y creer que tu pareja está profundamente enamorada de ti.

No es verdad. Eso no es amor.

- Cuando hay posesión, no es amor.
- Cuando hay control, no es amor.
- Cuando uno de los dos está en una posición superior, no es amor.
- Cuando hay una falta de respeto hacia las decisiones, gustos, valores, intereses del otro, no es amor.

Fíjate en el siguiente listado. Quizá te sorprendan algunas cosas.

MECANISMOS ENCUBIERTOS Y MANIFIESTOS DE ABUSO EMOCIONAL, SEGÚN ASENSI (2008)*

Mecanismos encubiertos

Descalificar

Negar

Proyectar/acusar

Desmentir el abuso por parte del abusador

Connotar negativamente

Amenazar sutilmente con abandono físico o emocional

Abandonar en realidad, física o emocionalmente

Mecanismos manifiestos

Despreciar

Gritar

Insultar o expresar malas palabras

Criticar

Ordenar

* Asensi, L. (2008). La prueba pericial psicológica en asuntos de violencia de género. *Revista internauta de práctica jurídica*, 21, 15-29.

Negar y retener afecto

Ignorar

Aislar a la víctima de sus familiares y amigos

Monitorear el tiempo y las actividades de la víctima

Intentar restringir recursos (finanzas, teléfono, etc.)

Interferir con oportunidades (trabajo, atención médica, educación, etc.)

Acusar a la víctima de estar involucrada en conductas repetidas e intencionalmente dañinas

Tirar objetos, no necesariamente hacia la víctima

Golpear objetos, dar portazos

Ridiculizar a la víctima

Expresar asco hacia la víctima

Amenazar con dejarla (física o emocionalmente)

Expresar celos excesivos

Amenazar la vida, las mascotas, la propiedad o a la familia de la víctima

Exponer a la víctima a escenas de abuso hacia sus hijos, mascotas, padres, etc.

Obligar a la víctima a que realice actividades ilegales

Provocar a la víctima para que se defienda

Dirás: «¡Qué exageración, por una vez que la pareja te ignore no se puede hablar de maltrato!». Claro que no, pero «ignorar repetidamente» sí es un signo de **abuso emocional**. Todo abuso emocional implica una falta de respeto y consideración hacia la otra persona. Y frente a cualquier abuso emocional tenemos derecho a responder asertivamente y poner límites.

Sin embargo, muchas veces dejamos pasar estos abusos aparentemente insignificantes. ¿Qué ocurre?

Muchas veces no queremos ver un abuso emocional que puede llevar a maltrato porque esa persona está cubriendo en nosotros una necesidad emocional que si no, no tenemos satisfecha.

Fíjate en estas manifestaciones:

1. «Sí, se pasa un poco conmigo, pero ¿adónde voy yo sin él? ¿Qué sería de mí si me quedo sola? Cuando me amenaza con irse, se me viene el mundo encima. No lo podría soportar».
2. «No creo que haya nadie que me vaya a querer tanto como me quiere ella. Entonces, dejo pasar esos pequeños desprecios que me hace en público».
3. «Me considera muy guapa y atractiva y le gusta exhibirme. Me dice lo que me tengo que poner cuando salimos juntos, aunque a mí me parece un poco provocativo y no es mi estilo, pero está tan orgulloso de mí...».
4. «Me dice que soy suya y, aunque nadie lo entienda, eso me llena de orgullo y me compensa todo el control que ejerce sobre mí».

Reflexiona y repasa estas frases: ¿qué necesidad está buscando cubrir cada una de estas personas?*

En el capítulo 3 hablamos de las necesidades de seguridad, pertenencia, afecto, reconocimiento...

¿Sabías que **cuando tenemos un déficit de alguna de estas necesidades, estaremos buscando cubrirla a lo largo de nuestra vida y será una prioridad, por encima, muchas veces, de nuestra dignidad, nuestros valores y nuestra persona?**

---

* 1. Seguridad. 2. Afiliación, amor. 3. Reconocimiento. 4. Pertenencia.

Pero NUNCA VAMOS A LOGRAR CUBRIR NUESTRA NE-CESIDAD DE ESTA MANERA. Lo repetiremos hasta la saciedad:

La única forma de sentirnos seguras, dignas de ser queridas y reconocidas es queriéndonos y valorándonos a nosotras mismas, sin depender ni supeditarnos a nadie.

¿Cubrir mi necesidad de seguridad o amor pasa por encima de mí, mi bienestar, mi tranquilidad, mi persona?

¿Con tal de tener un amor seguro dejo que me falten al respeto?

Entonces: eso tampoco es amor… hacia mí misma.

Si te consideras una persona insegura, con tendencia a depender de los demás, con mucho miedo al rechazo o al abandono… puedes temer, después de haber leído esto, caer en una situación de abuso emocional o maltrato sin darte cuenta. Te vamos a contar tres pautas para evitar esta situación y que puedas sentirte plena en tus relaciones de pareja ¡o sin ellas!

1. Captar los primeros indicios de posible abuso

A continuación verás cuáles son las conductas de la otra persona ante las que hay que estar alerta:

Indicios de control: querer saber todo lo que haces, exigir explicaciones por todo, controlar el móvil.

Aislamiento: querer que estés la mayor parte de tu tiempo con él/ella, afear la relación con tus amigos, dificultar o prohibirte quedar con ciertas amistades o la familia.

Desprecio y humillación: utilizar con frecuencia bromas que te desvalorizan, desprecios aparentemente graciosos en público, mostrarse seductor con otras personas en tu presencia.

Culpabilización: exceso de críticas a tu persona y culpabilización; cuando las cosas han salido mal, eres tú quien «le provoca» o «lo ha estropeado todo», uso de chantajes emocionales.

Ambivalencia: ser encantador en público y estar de constante malhumor contigo; o mostrarse frío o violento en un momento dado y encantador en otro, de manera que nunca sabes cuándo es una cosa y cuándo es otra.

Si ves que alguien de tu entorno aplica contigo alguna de estas conductas, es el momento de reaccionar asertivamente. Y si se trata de tu pareja, es inminente que te detengas a considerar qué está pasando. No importa que estés equivocada o no, que sea un hecho aislado o que no haya mala intención: estas conductas son faltas de respeto y tú mereces ser respetada. Y, de paso, dejar claro desde el primer momento que no vas a permitir que se abuse de ti.

2. Darte seguridad por medio de los derechos asertivos

Consulta la tabla de derechos asertivos que mostramos en el capítulo 2. Mira si encuentras algo que se parezca a: «derecho a controlar», «derecho a invadir» o «derecho a culpar». Seguro que no.

Ahora busca: «derecho a ser tratada con respeto y dignidad», «derecho a ser escuchada», «derecho a decir "no"».

¿Se están respetando tus derechos? Si la respuesta es NO, apúntate un derecho más: DERECHO A RESPONDER ASERTIVAMENTE CUANDO NO SE ME RESPETA.

Ten siempre cerca tu tabla de derechos. Son un magnífico apoyo, que da fuerza cuando algo en nuestro interior (nuestra necesidad, tal vez) nos boicotea y no nos permite ver con claridad qué es lo que está ocurriendo.

3. Aplicar estrategias asertivas

Observa el siguiente diálogo:

—*¡Qué horas son estas! ¡Te llevo llamando al móvil toda la tarde y no me lo coges!*

—*Bueno, es que he quedado con Elena, ¿sabes?, y nos hemos ido a tomar algo y no debía de haber cobertura, porque me llamó la atención que no me sonara el móvil en ningún momento, aunque claro, es raro, quizá es que el móvil está estropeado porque...*

—*¡Te he dicho mil veces que estés pendiente de cuando te llame! Yo aquí solo, preocupándome, y tú, hala, de juerga con las amiguitas...*

—*No, no, si ya sabes que siempre estoy pendiente, esta vez ha sido una excepción, pero no volverá a ocurrir porque...*

—*¡Lo que no va a volver a ocurrir es que quedes con gente y yo no me entere!*

—*No, claro, claro...*

Etc. etc.

Ahora este otro:

—*¿Qué horas son estas? ¡Te llevo llamando al móvil toda la tarde y no me lo coges!*

—*¿Y qué querías?*

—*Me preocupo por ti y quiero saber dónde estás.*

—*Pues estaba con Elena tomando algo.*

—*¡Te he dicho mil veces que estés pendiente de cuando te llame! Yo aquí solo, preocupándome, y tú, hala, de juerga con tus amiguitas...*

—No creo que irme con Elena sea para preocuparse. Además, creo que puedo quedar con quien quiera, ¿no? Igual que tú.

—¡Que no vuelva a ocurrir que quedas con gente y yo no me entere!

—Intentaré estar pendiente, pero no hace falta que te preocupes tanto, ¿vale?

En el primer diálogo, la persona muestra una **postura sumisa** desde el primer momento: comienza justificándose aun antes de que el otro le haya preguntado. También da demasiadas explicaciones, con una hubiera bastado. Con ello, se está poniendo ella sola en una posición sumisa a la otra persona.

Hace caso omiso a las evidentes faltas de respeto y tiende a dar la razón para no importunar a la otra persona. La otra persona va aumentando su grado de presión y nuestra mujer sumisa cede cada vez más; a ese paso, terminará pidiéndole perdón sin saber realmente qué ha hecho mal.

En el segundo diálogo, la mujer aplica varias **estrategias asertivas**:

En primer lugar, formula la **pregunta asertiva**. En vez de sentirse ofendida o pillada en falta, se limita a preguntar qué quería la otra persona con tanta insistencia.

En segundo lugar, da una sola explicación breve respecto a dónde ha estado. En una relación de confianza y respeto tendría que bastar con eso.

En tercer lugar, utiliza la **asertividad elemental**: dice llanamente qué es lo que le molesta, sin ofender ni culpar a la otra persona.

Y en último lugar, aplica el **disco rayado**: ante las amenazas de la otra persona, ella simplemente repite lo que ya ha dicho antes.

¿Ves la diferencia?

Te invitamos a que estés pendiente desde este momento a posibles abusos emocionales y, simplemente, los afrontes. Sin dramatizar ni ver catástrofes. Solo quieres respetarte.

> Quien aparezca en mi vida me va a complementar, pero no me va a completar, porque ya estoy completa.
>
> CLARA L.G-S.

Mireia: problemas sexuales

Fíjate en lo que dice Mireia en la conversación inicial: «Yo no sé qué pasa. Él no quiere tener sexo conmigo, por mucho que lo intento… Parece que sale corriendo».

Mireia tiene dificultades en la relación sexual con su pareja. Algo que se podría entender como un detalle sin importancia en el rico mundo de la pareja —o al menos así nos lo intentaban «vender» hace un tiempo— se puede convertir en un profundo problema de autoconcepto y autoestima. Queramos o no, tendemos a medir nuestra valía según nos veamos atractivas por la otra persona o no. Y ¿a alguien se le ha ocurrido pensar que puede ser la otra persona la que tenga alguna dificultad sexual o, simplemente, no sea muy «sexual» y le apetezca menos veces que a su pareja?

«Dice que le gusto pero, la verdad, lo dudo. No me siento "mujer" para él.»

Al leer esto, ¿te llama algo la atención? Esta conversación ¡no es realista! Cuando te juntas con tus amigas, ¿habláis de vuestra sexualidad? ¿Comentáis posibles dificultades que podáis tener? ¿Compartís lo que os hace disfrutar?

En general, no se habla de sexo. Las mujeres pueden comentar entre ellas ciertos problemas generales, pero desde luego que no comentan cuándo se lo pasan bien o los juegos que hacen con sus parejas.

Pero no hay más que esperar simplemente a que la relación se acabe. Entonces es más que probable que salgan a la luz toda clase de verdades respecto a lo pésimo que era besando o lo diminuto que en realidad tenía el pene.

Janet Hall

Algo que se ha liberalizado tanto en los últimos tiempos sigue siendo tabú en la mayoría de las conversaciones. ¿Por qué?

Volvemos a los mitos falsos, esos que tanto daño hacen por presuponer una perfección inexistente. Si respecto al «amor» hay unos cuantos mitos asentados en nuestra sociedad, respecto a la sexualidad esos presupuestos son legión. Mira si te suena haber oído estas máximas:

- En una relación sexual, lo normal es que ambos lleguen al orgasmo a la vez.
- La mujer disfruta sobre todo con la penetración.
- Si la mujer pide un cunnilingus o algún otro juego, es una guarra.
- Si la pareja no se excita conmigo es que no lo valgo.
- Hay cosas que están «bien» y cosas que no están «bien».
- Es de egoístas pensar en el propio disfrute. La mujer tiene que estar centrada en el «dar» más que en el «recibir».

¿Crees que estas suposiciones son ciertas? ¿Alguna forma parte de tu esquema de funcionamiento? Todas son falsas. He aquí la respuesta verdadera:

Todas las personas tienen derecho a disfrutar de una relación sexual de la manera que mejor lo consideren, mientras nadie se sienta vulnerado en su dignidad.

Partiendo de esa premisa, tenemos que tener en cuenta que en una relación sexual hay, por lo menos, dos personas, cada una con sus preferencias y ritmos diferentes. Y no necesariamente ambas tienen que saber lo que le satisface a la otra persona. Entonces, en vez de tirar de esos mitos y utilizarlos como reglas de actuación, ¿por qué no nos entrenamos en comunicar a la otra persona cómo nos gusta, qué y cuándo? Y al revés: ¿qué no nos gusta, con qué nos sentimos humilladas, no respetadas o, simplemente, no sentimos nada?

Recuerda: tienes derecho a pedir, derecho a expresar, derecho a decir «no». Consulta la tabla de derechos del capítulo 2 y mira cuál te «habla» respecto a lo que estamos diciendo. ¿No crees que los seis primeros encajan a la perfección con una sexualidad asertiva?

Ahora solo queda expresarle tus preferencias sexuales a tu pareja. Para ello, utiliza las fórmulas que hemos descrito en este capítulo para **expresar peticiones** o, tan solo, ¡dilo! Utiliza la **asertividad elemental** y expresa clara y llanamente qué es lo que te gusta, qué no te gusta y cómo propones ejercitar la sexualidad. Ten en cuenta que la otra persona tiene el mismo derecho que tú a decir «no» y a expresar sus preferencias.

Por último, Janet Hall recomienda lo siguiente:

«Las dos claves para solucionar los problemas sexuales:

1. Conocer y controlar nuestro órgano sexual interno más importante: ¡el cerebro! El hecho de tener una actitud positiva hacia la sexualidad (…) puede potenciar la posibilidad de tener una buena sexualidad (…) Querer a nuestro «yo» sexual y tener la confianza sexual necesaria para potenciar al máximo nuestro placer sexual.

2. Conocer y controlar nuestro órgano sexual externo más importante: ¡la lengua! Nuestra capacidad de comunicarnos y de hablar de nuestras creencias, necesidades y deseos sexuales y de qué es lo que nos excita, puede permitirnos tener la mejor de las sexualidades. Amar y respetar a nuestra pareja, a fin de poder dar y recibir sexualmente, como personas de igual a igual».

14

La mujer asertiva como hija

La comunicación entre padres e hijos siempre ha sido compleja. Esto se debe fundamentalmente a la falta de comprensión mutua que se produce en determinados momentos, que después se convierte en el caldo de cultivo para la falta de entendimiento en las relaciones paterno-filiales. Esta ausencia de comprensión genera por lo general dos tipos de comunicación: una agresiva, que pretende elevar la posición de poder y otra sumisa, que garantiza un bienestar ficticio.

Las hijas e hijos solemos comportarnos como un reflejo de lo que hemos visto en nuestros padres. También es verdad que nuestra autoestima, que se ha ido construyendo poco a poco y en función de muchos otros factores, afecta directamente a nuestra capacidad de tener conductas asertivas y viceversa, como ya hemos ido viendo. En algunas ocasiones, las respuestas agresivas de nuestros progenitores pueden generar en nosotros sumisión.

Por lo tanto, es una responsabilidad mutua, en la edad adulta, de buscar formas para tener comunicaciones de calidad, de respeto y de valoración entre hijos y padres.

Tengamos también en cuenta los valores de los que ya hemos hablado durante nuestro viaje a la asertividad. Los valores de la familia deben estar claros para todos. Si es así, podremos conseguir una comunicación efectiva. Generar confianza, respeto y escucha sin juzgar y sin sentirse juzgado creará una base sólida para comunicarnos con asertividad.

Hay una consideración, desde el punto de vista del lenguaje, que es que solemos expresarnos desde lo que no queremos en lugar de lo que queremos: «no grites», «no hagas esto», «no digas aquello» en lugar de «quiero que me hables con respeto», «quiero esto», o «quiero aquello». Este primer paso va a ser decisivo a la hora de generar comunicaciones saludables y asertivas.

Si cuidamos nuestro lenguaje, nos cuidamos a nosotras y cuidamos a los demás. El lenguaje genera realidades y será nuestro mayor baluarte para crear relaciones familiares de amor, de respeto y de responsabilidad.

Para generar una conversación de calidad, hemos de tener en cuenta una serie de factores que van a influir en el resultado de esta:

El **contexto**.* Tenemos que cuidar el entorno físico, el momento de la conversación. En esta fase nuestro principal objetivo será generar confianza manteniendo el respeto por nosotras y por los demás.

El **objetivo** de la conversación. Para qué hablamos, qué queremos conseguir con la conversación.

La **realidad** de la que partimos. Cuál es nuestra realidad y cuál es la realidad del otro. Aquí hay muchos riesgos de caer en juicios y opiniones. Este es el gran detalle que no puede

---

* Inspirado en la metodología CORAOPS – Instituto de Coaching Ejecutivo (ICE CORAOPS), https://www.coraops.com/.

pasarnos desapercibido. Cada persona tiene una interpretación de la realidad y nuestra actitud ante la de los demás puede cambiar por completo el resultado de una conversación. No existe una única verdad, digamos que solo existe una verdad en parte,* principio por el que cada uno de nosotros dice la verdad pero solo en parte, ya que la perspectiva del otro puede ser complementaria o diametralmente opuesta.

Imagina lo estupendo que sería que todos tuviéramos en cuenta este principio. Que todos pudiéramos comprender que la interpretación de la realidad es del todo subjetiva y está influida por muchos factores: valores, creencias, experiencias. Evitaríamos discusiones, enfados y muchas rupturas en las relaciones, no solo de familia, sino en cualquier ámbito de nuestras vidas.

Las **opciones**. En cualquier conversación resultará productivo que tengamos en cuenta que pueden existir otras opciones para el asunto que estamos tratando. Abrir la mente para buscar esas otras opciones invocará directamente al respeto y a la valoración propia y de otros, y nos ayudará a dar respuestas asertivas.

Para ilustrar mejor lo que estamos contando, vamos a utilizar la conversación que tuvieron un día Manuela y Patricia, madre e hija. De momento te la contamos como fue, luego la estructuraremos de acuerdo con nuestra propuesta y con las técnicas asertivas que hemos ido viendo:

* Del Manual del CSCE, ICE CORAOPS.

—Hola, mamá.

—Bien, ya era hora de que llamara. Han pasado dos semanas desde que hablamos y estoy esperando que me digas qué has pensado sobre las vacaciones. Siempre me dejas sin respuestas. Eres muy poco responsable y no tienes en cuenta a los demás.

—Mamá, no empecemos. Estoy al teléfono, ¿no? No he podido llamarte antes. Ya sabes que estoy muy ocupada con la casa, los niños, el trabajo. Además, tengo que ponerme de acuerdo con mi hermana y ella también está muy liada.

—Todo son excusas, Patricia. El año pasado ya tuvimos esta conversación y al final me tocó a mí hacer todos los trámites del viaje. No estoy dispuesta a que este año me endoséis de nuevo el tema. ¿Qué habéis decidido?

—Lo sé, mamá. Alfredo no sabe todavía si podrá tener vacaciones en las fechas de las que hablamos. Por nuestra parte, si podemos coincidir con vuestras fechas, iríamos los cinco.

—¿Y cuándo va a saber Alfredo algo de sus vacaciones? La verdad, hija, es que este marido tuyo nunca sabe nada. Cada vez que tenemos que decidir algo en familia siempre tiene dudas. No sé qué le viste para casarte con él.

—Mamá, por favor, no hables así de Alfredo. Le volveré a preguntar esta noche cuando venga, a ver si puede indagar en su trabajo.

—¿Esta noche? ¿Por qué no le llamas ahora y salimos de dudas? No me tienes en cuenta, ni a mí ni a tu padre. Nosotros somos mayores y necesitamos mucho tiempo para organizar las cosas. Además, nosotros pagamos las vacaciones, o sea que tenemos derecho a saberlo con el tiempo adecuado. Vosotros hacéis vuestra vida y no os preocupáis de nada más. Cualquier año *vamos a dejar de ser los «paganinis» de la familia y os lo vais a costear vosotros. Si no fuera por mis nietos ya habría terminado con estas tensiones de todos los años.*

—Bueno, mamá, voy a intentar hablar con él ahora, aunque no le gusta que le llame en horas de trabajo. Tiene muchas reuniones y no puede hablar con tranquilidad.

—¡Pues que salga de la reunión! ¡Es más importante su familia que esas estúpidas reuniones! Total, para lo que le pagan. Si no fuera por nosotros y por lo que os ayudamos… pobrecillos mis nietos. Menos mal que está su abuela.

—Mamá, voy a dejarte ahora, a ver si puedo hablar con él.

—¡Encima me cuelgas el teléfono! Ni siquiera me has preguntado cómo estamos. Ni te acuerdas de que he ido al médico esta semana.

—No me has dado tiempo, al comienzo de la conversación me has acusado de no haberte dado una respuesta todavía.

—¡Cómo te atreves a decir que te he acusado! No sé cómo te las ingenias, pero al final terminas haciéndome culpable de todo. Eres imposible, Patricia. Sí, mejor vamos a colgar el teléfono, no quiero seguir oyendo estas acusaciones.

Identifiquemos los errores, las agresiones y la sumisión que se han producido en esta conversación y veamos cómo podría mejorarse con una comunicación asertiva y teniendo en cuenta el planteamiento de la estructura de la conversación que describíamos antes. Para ilustrarlo mejor, vamos a poner también qué podría mejorar Manuela, la madre, en su comunicación para que sea plenamente asertiva.

Personaje	Error/Agresión	Comunicación asertiva y/o estructura
PATRICIA	«Hola, mamá». *Contexto pobre*	**Preparar un contexto más emocional interesándose por el otro:** *¿Cómo estás? ¿Qué tal tus cosas?*
MANUELA	«Ya era hora de que llamaras.» «Siempre me dejas sin respuestas.» «Eres muy poco responsable y no tienes en cuenta a los demás.» *Acusación-generalización-juicio* *Comunicación agresiva*	**Identificar el objetivo de la conversación:** *¿Podemos hablar de las vacaciones?* **Describir de forma objetiva la situación:** *Me gustaría tener una respuesta a lo que te pregunté.*
PATRICIA	«Mamá, no empecemos. Estoy al teléfono, ¿no?» *Respuesta agresiva*	**Utilizar técnicas asertivas: Banco de niebla:** *Sí, he tardado en llamarte. Ahora ya podemos hablar.*
MANUELA	«Todo son excusas, Patricia.» *Juicio-generalización*	**Tener en cuenta la realidad del otro con asertividad empática:** *Entiendo que estás muy ocupada. ¿Cuándo crees que podrías darme una respuesta a lo que hablamos de las vacaciones?*

Personaje	Error/Agresión	Comunicación asertiva y/o estructura
PATRICIA	«Lo sé, mamá.» *Respuesta sumisa*	**Respuesta asertiva ascendente:** *Lamento que lo vivas así. Nosotros dependemos del trabajo de Alfredo. Te daremos la respuesta en cuanto la tengamos.*
MANUELA	«La verdad, hija, es que este marido tuyo nunca sabe nada.» *Juicio-acusación*	**Respuesta asertiva empática:** *Entiendo que no depende solo de vosotros; aun así, os pediría que tengáis en cuenta los tiempos que yo necesito.*
MANUELA	«No sé qué le viste para casarte con él.» *Menosprecio-juicio-provocación*	**Simplemente evitar juicios. No aportan nada a la conversación. Solo provocan malestar en el otro**
PATRICIA	«Mamá, por favor, no hables así de Alfredo.» «Le volveré a preguntar esta noche cuando venga, a ver si puede indagar en su trabajo.» *Respuesta con actitud sumisa: permite un menosprecio sobre su marido sin poner límites a la agresión verbal de su madre*	**Respuesta de mensaje yo con asertividad ascendente:** *Mamá, es la segunda vez que menosprecias y juzgas a Alfredo. Esto me hace sentir poco respetada. Te pido que no hables así de él en mi presencia. Si continúas juzgándole, optaré por terminar esta conversación.*

Personaje	Error/Agresión	Comunicación asertiva y/o estructura
MANUELA	«No me tienes en cuenta, ni a mí ni a tu padre. Nosotros somos mayores y necesitamos mucho tiempo para organizar las cosas. Además, nosotros pagamos las vacaciones, o sea que tenemos derecho a saberlo con el tiempo adecuado. Vosotros hacéis vuestra vida y no os preocupáis de nada más.» *Chantaje emocional-juicio-respuesta agresiva*	**Tener en cuenta las opciones que pueden existir sin menoscabar el valor de las otras realidades. Evitar el chantaje emocional:** *Patricia, me gustaría saber antes del día X si vais a venir de vacaciones y en qué fechas. Nosotros tardamos tiempo en prepararlo todo.*
PATRICIA	«Bueno, mamá, voy a intentar hablar con él ahora, aunque no le gusta que le llame en horas de trabajo. Tiene muchas reuniones y no puede hablar con tranquilidad.» *Respuesta sumisa sin tener en cuenta sus necesidades*	**Respuesta asertiva elemental: expresión llana y simple de los propios intereses y derechos. Búsqueda de opciones para tener en cuenta las necesidades del otro:** *Ahora no voy a llamar a Alfredo, mamá. Está trabajando y no quiero interrumpirle. ¿Qué te parece si me comprometo a llamarte mañana, cuando haya podido hablar con él?*

Personaje	Error/Agresión	Comunicación asertiva y/o estructura
MANUELA	«¡Pues que salga de la reunión! ¡Es más importante su familia que esas estúpidas reuniones! Total, para lo que le pagan. Si no fuera por nosotros y por lo que os ayudamos… pobrecillos mis nietos. Menos mal que está su abuela.» *Respuesta agresiva, invasiva y con menosprecio. Chantaje emocional*	**Respuesta asertiva empática. Técnica del disco rayado:** *Sí, claro, entiendo que ahora no es el momento. Su trabajo es importante para él; de cualquier forma, nosotros necesitamos una respuesta cuanto antes. ¿Podréis decirnos algo mañana?*
MANUELA	«¡Encima me cuelgas el teléfono! Ni siquiera me has preguntado cómo estamos. Ni te acuerdas de que he ido al médico esta semana.» *Manipulación emocional. Acusación. Chantaje emocional*	**Respuesta asertiva elemental.** *De acuerdo, hija. Habla con Alfredo cuando puedas y, por favor, dame una respuesta mañana, si es posible. Te quería contar que fui al médico esta semana…*
PATRICIA	«No me has dado tiempo, al comienzo de la conversación me has acusado de no haberte dado una respuesta todavía.» *Respuesta cercana a la asertividad pero mejorable en el lenguaje*	**Respuesta asertiva frente a la sumisión o agresividad** *Mamá, al comienzo de la conversación me has acusado de no haberte dado una respuesta todavía. Podrías haberme dado tiempo para interesarme por ti.*

Personaje	Error/Agresión	Comunicación asertiva y/o estructura
MANUELA	«¡Cómo te atreves a decir que te he acusado! No sé cómo te las ingenias, pero al final terminas haciéndome culpable de todo. Eres imposible, Patricia. Sí, mejor vamos a colgar el teléfono, no quiero seguir oyendo estas acusaciones.» *Respuesta agresiva. Acusación. Menosprecio*	**Respuesta con asertividad positiva:** *De acuerdo, Patricia. Lo dejamos por hoy y mañana hablamos de nuevo. Supongo que estás muy ocupada. Un beso a los niños y otro para ti. Te quiero, hija.*

¿Qué reflexiones te propone este diálogo? ¿Has vivido alguna vez algo parecido?

En el momento en que adoptamos una conducta sumisa, se generan en nosotras pensamientos como o los siguientes: «voy a evitar molestar», «no importa lo que yo pienso», «seguro que él tiene razón»; estos a su vez provocan fuertes sentimientos de impotencia así como mucha energía mental, culpa, ansiedad y frustración.

Estamos convencidas de que resulta muy fácil poner en marcha una comunicación asertiva siempre que tengamos la intención y la actitud de observar nuestras respuestas y la capacidad de pensar antes de responder cómo queremos respetarnos y valorarnos.

Sin duda, la brecha generacional va a provocar muchas veces diferentes perspectivas de las situaciones, pero esto no debe ser excusa para permitir invasiones o para provocarlas nosotras.

Te dejamos el reto de observar tus conversaciones familiares. Quizá sean con tu padre, con tu madre o con tus hermanos.

15

La mujer asertiva como trabajadora

La asertividad es una decisión personal, y esta
decisión nadie puede decir que sea fácil, ni que
no comporte ningún riesgo, porque implica responsabilizarse de uno mismo y, por tanto, renun-
ciar a buscar excusas en los otros o en las circunstancias para justificar comportamientos
nuestros de los que no podemos sentirnos satis-
fechos.

MARIA LLUÏSA FABRA,
doctora en Ciencias de la Educación
y profesora en la Universitat
Autònoma de Barcelona

Aprendí que la comunicación efectiva comienza
con la comprensión de que existe mi punto de
vista (mi verdad), y el punto de vista de otra
persona (su verdad). Rara vez hay una verdad
absoluta, por lo que las personas que creen que
poseen «la verdad» son un silenciador de los
demás. Cuando nos damos cuenta y reconocemos que solo podemos ver las cosas desde nuestra propia perspectiva, podemos compartir
nuestras opiniones de una manera no amenaza-
dora. Las declaraciones de opinión son siempre

más constructivas en primera persona: «yo». La capacidad de escuchar es tan importante como la capacidad de hablar. La mala comunicación es siempre una calle de dos vías.

SHERYL SANDBERG,
directora de operaciones de Facebook

Las mujeres tenemos que reforzar nuestra comunicación asertiva para ser capaces de demandar y organizar los equipos con menos desgaste emocional. Muchas veces sabemos lo que queremos decir, pero nos bloqueamos por formalismos y diluimos el mensaje restándole potencia por el «qué dirán». Nuestro rol como empresarias es tomar decisiones y comunicarlas para movilizar. La mayor parte de los problemas que se detectan en las organizaciones de mujeres es precisamente la comunicación eficaz, por eso es tan importante que integremos en nuestro día a día técnicas que nos ayuden a ser y a transmitir con más asertividad.

EVA SERRANO, presidenta de ASEME

Para mejorar tus habilidades de comunicación y ser más asertiva, comienza a confiar en tu intuición y síguela siempre. Párate en tu propia tierra. Decide lo que quieres y ve a por ello. No hagas juegos mentales, sé honesta. Para conseguir lo que quieres, tienes que decirlo claramente.

PATTI STANGER,
de Millionaire Matchmaker Show

La asertividad es reconocida como conducta productiva por todo tipo de mujeres: empresarias, directivas, empleadas. Buscábamos durante mucho tiempo una independencia económica y lo conseguimos incorporándonos al mercado laboral pero, al mismo tiempo, hemos duplicado o quizá triplicado nuestros roles. Esto ha dado lugar a la acumulación de funciones: ama de casa, educadora, pareja, amiga, directiva, emprendedora o empleada.

En general, estamos satisfechas con tener un trabajo fuera de casa, pero cuando somos madres entramos en la reflexión de cómo repercute está situación en nuestro entorno familiar.

La perturbación surge porque queremos tener un proyecto como persona, pero la presión social y familiar nos generan dudas, estrés y disfuncionalidad. Aparecen muchas dificultades para conciliar trabajo y vida personal. A eso hay que añadir que casi siempre hay exceso de responsabilidades y de trabajo, y terminamos muchos días con la sensación de no tener tiempo, de haber dejado cosas sin hacer, de descuidar nuestra vida personal. Esta angustia vital nos hace sentirnos agotadas y frustradas, lo que va debilitando nuestro rendimiento laboral y sobre todo nuestra autoestima, por no hablar de los riesgos que asume nuestra salud.

Este estado está definido ya por especialistas como el «síndrome de la mujer trabajadora» (SMT).

Hemos pensado que la mejor forma de hablar de asertividad en la mujer trabajadora es identificar sus beneficios en hechos concretos. La historia en esta ocasión es de tres amigas que sienten tener el SMT y deciden contratar a un experto que las ayude a identificar la forma de salir de él.

Jimena es emprendedora. Lleva más de quince años trabajando como autónoma. Es madre de una niña de siete años y, aunque vive en pareja, se siente muy poco acompañada en las tareas de casa. También tiene un perro, al que adora y del que se encarga como si de un hijo más se tratara. Desarrolla su propio negocio dedicado al marketing. Su trayectoria personal viene del mundo de la multinacional donde adquirió mucha experiencia en los enfoques de marketing y ventas. Decidió crear su propio negocio y cuenta con una importante cartera de clientes a los que ofrece un servicio muy personalizado. Ella se gana la confianza de los clientes gracias a su capacidad de servicio y a su actitud de escucha. Sin embargo, tiene serias dificultades para decir «no» y el volumen de trabajo ya no le permite disfrutar. Ha empezado a tener problemas para dormir, tiene malas digestiones y ha empezado a ganar mucho peso por su mala alimentación.

Rocío es empleada de una consultora global. Solo lleva diez años en el mundo laboral, pero durante los últimos cinco ha decidido abrir un espacio para su maternidad y ya va a por el tercer hijo. Tiene buenas condiciones laborales y, aun así, su vida transcurre en un «antes». Se levanta «antes» para preparar «antes» lo de los niños y la guardería. Sale «antes» de casa para llegar «antes» a la oficina y poder salir «antes» por la tarde. Así llega «antes» a casa para acostarlos «antes» y poder descansar «antes». Con el nuevo embarazo se ha dado cuenta de que ha dejado de cuidarse y de descansar. Su marido colabora en casa pero viaja mucho, y cuando vuelve apela a su descanso de «tanto viaje». A esto hay que añadir que la relación con su jefa es lamentable. Se siente acosada y permanentemente presionada. Su sensación de remordimiento por la nueva maternidad la ha colocado en una posición de culpa y que permite cualquier tipo de conductas a sus compañeros y a su jefa para poder equilibrar lo que ella «les va a hacer cuando se pida su baja por maternidad».

Alejandra es directiva de una gran empresa industrial. Lleva veinte años en la empresa y quince en el puesto actual. Dirige el departamento de Recursos Humanos y es miembro del comité de dirección. Tiene tres hijos adolescentes y su madre acaba de caer enferma. Es hija única y, por lo tanto, tiene que hacerse cargo de ella viajando a otra provincia todos los fines de semana. Como miembro del comité de dirección, toma decisiones estratégicas que no siempre gustan a los empleados, y se ha dado cuenta de que usa un tono muy agresivo cuando habla con los miembros de su equipo o con el resto de sus colaboradores. Se resiente de cómo ha ido cambiando su carácter a medida que adquiría responsabilidades y ahora no se reconoce. Se ha vuelto fría, agresiva y distante. No se siente bien con estas conductas pero así es como cree que tiene que comportarse para ser reconocida en su puesto y generar autoridad.

Nuestras tres protagonistas son amigas desde hace años. Suelen quedar de vez en cuando para comer, cenar e incluso en alguna ocasión realizan algún viaje juntas para, según ellas, «hacer terapia de amigas». En una de sus cenas, mantuvieron esta conversación:

—Me encanta este restaurante, ¡qué comida tan rica y qué guapo es el camarero!

—¡Ja, ja, ja! —Rieron Alejandra y Rocío.

—Sí, lo ponemos en la lista para repetir.

—Por cierto, chicas, quería contaros lo que me ha pasado esta semana —dijo Alejandra—. Estamos ajustando los presupuestos por el cambio de estrategia y voy a tener que despedir a más de veinte personas. He preparado un protocolo para hacerlo, pero la técnico que trabaja conmigo se ha puesto de uñas y he tenido que ponerla en su sitio. Tuvimos una discusión muy fuerte y al final me puse de pie delante de mi mesa, me apoyé con vehemencia en ella y eché el cuerpo hacia delante. Desde ahí, le dije que no tenía nada que opinar, ni que pensar, ni que decidir. Que yo era la responsable de Recursos Humanos y que ella se tenía que limitar a ejecutar mis órdenes, las cuales, además, venían del comité de dirección y que, por lo tanto, no había nada que discutir.

»Beatriz, que así se llama, me miró con la cara descompuesta, y lo entiendo, y salió del despacho dando un portazo; portazo que oyeron los otros miembros del departamento. Eso hizo que me enfureciera más y, ni corta ni perezosa, corrí por mi despacho, abrí la puerta y dije gritando: "¡Y si alguien no quiere cumplir las órdenes, que pase por mi despacho y preparamos una liquidación de inmediato!". Cerré con otro portazo y hubo silencio durante horas. No sonó ni el móvil.

»Durante un ratito estuve argumentándome a mí misma que yo tenía razón. Que no sabían lo que significaba el compromiso con la empresa, que mi puesto era ese y así había que actuar. En fin, que el enfado me sedujo y me envió mensajes que justificaban mi conducta.

»Poco a poco y a medida que bajaba mi "cabreo", empecé a sentirme fatal. Se produjo una especie de *déjà vu*, de haber pasado antes por una situación similar, aunque aparentemente se estaba produciendo por primera vez. Empezaba a tener la sensación de que mi forma de actuar era cada vez más agresiva y que las consecuencias se me podían escapar de las manos. De hecho, me asusté porque esa tarde no tuve ni una sola llamada interna ni nadie pasó por mi despacho. Empecé a "rayarme" porque últimamente creo que mi equipo me tiene miedo. No opinan en las reuniones, me dicen sí a casi todo —y luego no siempre cumplen—, no me cuentan nada que no sea estrictamente de los proyectos que tenemos en marcha. He perdido conexión con ellos y no sé cómo recuperar su confianza y su respeto. Creo que no tengo autoridad sino poder. Soy la jefa y por eso hacen lo que les digo, pero no siento que colaboren, ni que aporten, sino que ejecutan.

—Vaya, Alejandra. Cuánto lo sentimos. Parece que realmente te sientes fatal —contestó Rocío.

Alejandra bajó la cabeza y aprovechó para beber de su copa de vino...

—Sí, qué pena que se llegue a esto —dijo Jimena—. No sé qué pasa en las empresas para que se generen estas conductas tan agresivas.

—Es que parece que si no es así, nadie te respeta —añadió Alejandra con tono de justificación.

—Bueno, no es para tanto, pero es verdad que sin darnos cuenta cambiamos y nos convertimos en personas diferentes. ¡Si supieran lo tierna, cariñosa y comprensiva que eres! Si quieres, vamos nosotras a contarles que tú no eres así. Que dejen de importunarte, que eres una mujer estupenda. Que cuidas de tus amigas, que nos ayudas y que nunca nunca nos gritas.

Las dos miraron a Alejandra con cariño y le agarraron las manos como señal de apoyo y cariño.

Alejandra no pudo evitar que le saltaran unas lágrimas y aprovechó para darle otro empujón a su copa de vino.

Y en el silencio que se había creado, Rocío tomó la palabra y dijo:

—Sin quitarle importancia a lo que nos has contado, ahora voy yo. A mí me pasa todo lo contrario. Desde que me he quedado embarazada me siento humillada y acosada en mi departamento. Primero por mi jefa, que no para de criticar todo lo que hago, lo que digo y hasta lo que pienso. Luego mis compañeros… bueno, no voy a generalizar, pero Pablo y Amelia se pasan el día endosándome «muertos» y usando la ironía para justificar lo que me dan con frases como: «Tenemos que aprovechar estos meses que te quedan», «No te quejes, que luego te vas cuatro meses de vacaciones, bueno de baja», «Ahora todavía podemos contar contigo». Yo, como una idiota, asumo todo lo que me dan porque en el fondo pienso que les hago una faena con mi embarazo. Me siento culpable de marcharme cuatro meses con el trabajo que tenemos, o sea que, para «no sé qué forma de compensar», me están aplastando con el trabajo. Luego llego a casa y los niños, lógicamente, me absorben minuto a minuto. Diego viaja mucho y no me atrevo a decirle nada cuando vuelve. Total, que entre unos y otros, me siento abrumada. Ya no me cuido, mirad qué pelo tengo, casi no como para que me dé tiempo a irme pronto por las tardes y me llevo trabajo a casa para que mi jefa no proteste. No sé cómo frenar esta caída en picado. Estoy empezando a pensar que no soy capaz de ser madre y trabajar a la vez. Creo que además he perdido facultades.

—Camarero, por favor, tráiganos más vino y más humus, esta noche tenemos para rato.

—¡Oh! ¡Rocío, cariño! ¡Qué pena verte así! —contestó enseguida Alejandra—. No digas esas cosas. Claro que no has perdido facultades, y por supuesto que eres capaz. Te oigo hablar y me asusto de pensar que produzco algo así en mi equipo. Tenemos que poner freno a estos sentimientos.

—Os he oído hablar a las dos y me estoy poniendo del revés —dijo Jimena—. Resulta que estamos aquí tres mujeres hechas y derechas, como decía mi madre. Una que se pasa con la agresividad, otra que se ha pasado a la sumisión y yo, que creía que os iba a contar algo que solo me ocurría a mí, y resulta que estamos las tres igual.

»Mi caso es que no sé decir que "no" —comenzó a contar Jimena—. El perro, la niña, los clientes, la vida social. Intento llegar a todo y en todo me siento a medias. Ni disfruto del perro, ni de la niña, ni de mi trabajo. Por no decir que ya ni hago el amor con Mario. Lo único bueno es que he dejado de contestar las llamadas de teléfono porque no tengo tiempo. No sé muy bien dónde tengo puesto el foco, pero lo que sé es que necesito empezar a decir "no" en algún lugar. Para completar mi cuadro, estoy durmiendo fatal y me alimento de pena.

—¿Qué hacemos, chicas? —apuntó Rocío.

—De momento brindemos por esta cena y porque todavía somos capaces de compartir estos temas. Además, este vino está riquísimo; ¿de dónde es?

—Es un riojita riquísimo —aclaró Jimena—. Lo probé hace tiempo en un restaurante de Menorca y siempre que lo encuentro en la carta lo pido; ¿os gusta?

—Está buenísimo, Jimena. ¡Pide otra botella! Hoy necesitamos disfrutar juntas. ¡Chinchín! Entonces, chicas, ¡por la asertividad! —dijo Alejandra—. ¡Que es lo que nos falta a todas!

—¡Ja, ja, ja! —Rieron las tres.

—¡Por la asertividad y por el riojita! —completó Rocío—. ¡Ja, ja, ja!, aunque yo brindo con agua, que a mi chiquitín no le gusta de momento el vino.

—¡Ja, ja, ja!

Todas brindaron mirándose a los ojos, como hacían siempre.

—Bueno, hablando en serio —retomó Jimena—. Tenemos que hacer algo. Estamos las tres en un punto sin retorno y yo, personalmente, no quiero seguir así. Os propongo una cosa. Me han hablado de una experta que hace sesiones individuales y pequeños talleres para temas de este tipo. ¿Qué os parece si le solicitamos que nos haga una sesión a las tres a la vez? Parece que todas tenemos el mismo objetivo: ser asertivas. Yo no sé mucho de asertividad, es más, diría que no sé casi nada... hasta hace poco lo confundía con la empatía, o sea que mira qué idea tengo; pero cuando se lo he oído mencionar a Alejandra me ha resonado. Hace poco, en una empresa de mis clientes todos los empleados fueron a un curso de asertividad. No me atreví a preguntar lo que era por no parecer ignorante, pero creo que puede valernos mucho a todas.

—Sí —respondió Alejandra—. Nosotros hemos recibido formación para líderes intermedios y hemos incluido un módulo de asertividad. Me parece mentira que yo misma lo prescriba y luego sea incapaz de desarrollarlo en mí. Creo que es una idea estupenda, Jimena. Además, prefiero hacerlo fuera de la empresa. ¡Menuda incoherencia estoy viviendo! ¡Ay, Dios mío!

—¡Genial! —dijo Rocío—. A mí solo me preocupan los tiempos. Ya estoy hasta arriba como para meter un cursito ahora... ¡Buff!! Me agobio solo de pensarlo, pero bueno.

—No, no sería un curso, Rocío, yo estoy más bien pensando en un par de sesiones de grupo. Llevarnos «ideas» y herramientas para practicar. Ninguna andamos con mucho tiempo libre y, aun así, creo que esto lo necesitamos las tres.

—¿Quién se encarga de llamar a la experta?

—Yo me encargo —dijo Jimena—. Os paso la información por WhatsApp y concretamos la cita.

—¡Ainsss! No sabéis cómo aprecio estas cenas, a mí me sirven de terapia. Solo el hecho de poder contaros lo que me pasa ya me pone de muy buen humor. ¡Brindemos de nuevo! ¡Ja, ja, ja!, no sé de dónde sacar excusas para beber este vino tan rico.

—¡Ja, ja, ja! —Rieron todas.

A la mañana siguiente ya había una propuesta en WhatsApp:

JIMENA: Chicas, ¡qué rica cena la de anoche! Me fui montada en el riojita, ¡ja, ja, ja!

ROCÍO: ¡Ja, ja, ja!, yo nadando en mi agüita con mi pequeñín, ¡qué gusto teneros de amigas!

JIMENA: A ver… que he hablado con la experta. Que nos da cita para la próxima semana. Le he dicho que el único día que podemos coincidir es el viernes a la hora de comer. Rocío, tu madre puede recoger a los niños en la guarde, ¿verdad? Alejandra, ¿alguna reunión para este viernes?

ALEJANDRA: Déjame ver la agenda… Tengo una reunión con un proveedor pero puedo cambiarla. Quiero hacer estas sesiones de asertividad. Por mi parte, adelante.

ROCÍO: Por la mía también. Ya me organizo con los niños. Además, Diego vuelve de viaje el jueves y seguro que puede quedarse con ellos.

JIMENA: ¡Hecho! Se lo confirmo. Luego os paso la dirección y quedamos allí directamente.

ROCÍO: Estupendo. Gracias, Jimena. Buen día.

ALEJANDRA: Os dejo, chicas, tengo reunión del comité ahora. Bss… Ah! que yo también pedaleé en el riojita jajajaajaj. Tenemos que organizar alguna cenita en ese restaurante de Menorca que nos dijiste; ¿cómo se llama?

JIMENA: Ni me acuerdo, lo buscaré… Después de convertirnos en mujeres asertivas, nos vamos a celebrarlo a Menorca. Bss chicas.

ROCÍO: ☺ ♥

ALEJANDRA: ♥

Pasaron los días y llegó el viernes….

—Buenas tardes a las tres, mi nombre es Julia. Soy experta en Autoestima y Asertividad. Encantada de conoceros.

—Buenas tardes, Julia, yo soy Alejandra.

—Hola, Julia, yo Rocío.

—Julia, a mí ya me conoces por teléfono, soy Jimena, y hemos hablado varias veces.

—Estupendo. Entonces vamos a empezar. Lo primero que quiero es contextualizar estas sesiones. Jimena me ha comentado que solo queréis dos y que luego vosotras trabajaréis por vuestra cuenta. Estoy significa que no haremos un desarrollo como tal, sino más bien una pequeña formación con metodología de coaching. ¿Qué os parece?

—Como tú lo consideres —contestaron casi las tres a la vez.

—Bien, empecemos entonces con unas preguntas: ¿Qué esperáis de mí y de esta sesión? ¿Qué queréis conseguir? ¿Contestas tú, Jimena?

—No, dejadme a mí —sugirió Alejandra, adelantándose a la respuesta de Jimena—. Nos hemos dado cuenta las tres de que, viviendo vidas totalmente distintas, teniendo profesiones distintas, todas tenemos el mismo sentimiento de malestar. Yo porque me siento casi «mala persona» debido a mi comportamiento agresivo, ella porque no sabe decir «no» a sus clientes y ella porque permite una invasión permanente.

—¿Por qué sabes que es a mis clientes a los que no sé decirles que no? —preguntó Jimena.

—Perdona, Jimena —contestó Alejandra—, porque al resto de tus relaciones les dices «no» sin ningún reparo. Además, lo haces con respeto y cariño. Fíjate lo que contabas el otro día, ya no llamas ni coges el teléfono. Eso es pura asertividad, ¿verdad, Julia?

—Bueno, no sé qué responderte todavía. Me gustaría haceros más preguntas. Jimena me ha puesto al día de vuestra conversación de la semana pasada y, si me lo permitís y para ser productivos, he preparado algunas cuestiones sobre lo que me contó Jimena. ¿Qué os parece si hago preguntas abiertas para todas usando los temas que habéis compartido y buscáis, entre todas, la mejor respuesta?

—A mí me parece bien —dijo Rocío.

—Encantadas —afirmó Alejandra.

—De acuerdo, allá vamos. Se me ocurre que de lo que contaste el otro día, Alejandra, sobre tu reacción con una técnico de tu equipo, podéis sacar mucho aprendizaje. ¿Qué os parece que podría haber hecho diferente Alejandra?

—Bueno, no sé. Habría que verse en su lugar para poder decidir. A veces las circunstancias nos superan —comentó Jimena.

—Sí, eso mismo pienso yo —apoyó Rocío.

—Otra pregunta: ¿Cuántas veces habéis visto comportarse así a Alejandra con vosotras?

—¿Con nosotras? Con nosotras nunca.

—¡Ahí tenéis una clave! Nuestras conductas no siempre son similares. En función de la persona o las personas con las que tratamos o las circunstancias que acontecen, nuestra conducta puede modificarse. Los comportamientos de Alejandra se han ido modificando hacia la agresividad por una necesidad de imponer sus criterios y de adquirir, en realidad, una falsa autoridad.

—Julia hizo una pausa y prosiguió—. Alejandra, ¿podrías recordar el momento en el que tuviste esa conducta agresiva y contarnos qué es lo que *pensabas*?

—Déjame que recuerde… Pensaba: «Ahora solo importo yo», «si no me comporto así, soy vulnerable», «No soporto que me lleven la contraria»… No sé lo que me pasa, pero sé que este grado de agresividad me va a traer consecuencias y quiero cambiarlo cuanto antes.

—Gracias, Alejandra. Sigue recordando y dinos: ¿qué sentimientos te provocaba esta conducta?

—Me sentía sola, con ansiedad, con sensación de falta de control, muy enfadada.

—Gracias de nuevo. Mirad —dijo Julia—, esto que nos cuenta Alejandra son los pensamientos y los sentimientos que produce una conducta agresiva. Probablemente, esta conducta tiene que ver con alguna creencia limitante. Me atrevería a decir que Alejandra tiene alguna instalada del tipo: «Tengo que ser muy competente y hacerlo todo bien para considerarme necesaria y útil». ¿Me equivoco?

—Pues no. No te equivocas mucho… Así me siento. ¿Qué puedo hacer entonces para cambiar mi forma de actuar si tengo una creencia tan arraigada?

—Déjame que te explique. En la mayoría de las culturas, se le pide a la mujer que tenga una personalidad atractiva y que a la vez sus conductas tengan un «tilde masculino» para que no se deje llevar por sus sentimientos o sus emociones. Esto es de nuevo una creencia, ya que no es necesario ser hombre para poder hacer una buena gestión emocional.

»Estos modelos de comportamiento se han instalado en muchas empresas y aparentemente son útiles, pero lejos de generar liderazgo, generan contradicciones y hacen que las mujeres directivas puedan ver tambalear su propia identidad. Todas aquellas mujeres que tenéis cargos de responsabilidad necesitáis desarrollar vuestra propia identidad de líderes, no comparándoos con actitudes o comportamientos de nadie sino desarrollando las competencias necesarias para, sin perder vuestra personalidad, es más, diría que reforzándola, generar confianza en vuestros equipos. Eso solo se consigue si os respetáis y valoráis, y si respetáis y valoráis a los demás. La asertividad es la clave.

»En el caso de Alejandra, podríamos estar hablando de algunos de los tipos de respuestas asertivas, como la *asertividad ascendente o escalonada* o *la asertividad empática*. Con la primera lo que hacemos es elevar de forma gradual la respuesta asertiva, en la que respetamos y valoramos nuestra posición frente a la posición del otro e incluyendo la segunda mediante la cual reconocemos y comprendemos el planteamiento de la otra persona (en este caso la opinión de Beatriz, su técnico) sin perder por ello nuestro lugar.

—Sí, pero ¿y si la otra persona no nos quiere escuchar? —preguntaron las tres.

—Entonces aplicaremos la técnica del «disco rayado». Consiste en repetir el propio punto de vista una y otra vez, con tranquilidad, sin entrar en discusiones ni provocaciones que puedan llegar de la otra persona.

»Se trata de desarrollar un estilo de comunicación con los demás. Un estilo que venga de una identidad que se respete y se valore, y que respete y valore a los demás. Un comportamiento maduro y un nivel de comunicación en el que no se necesita someter al resto a nuestra propia voluntad. La comunicación agresiva alimenta la incapacidad para hacernos entender, respetar y valorar, y eso resta eficiencia y efectividad en nuestros roles en las organizaciones.

»Ser asertiva ya no es un capricho o una moda friqui. Las mujeres directivas que sean capaces de desarrollar una identidad asertiva resultarán influyentes en su entorno, tendrán la capacidad de superar sus propias limitaciones y se harán respetar por la forma en la que actúan y se comunican.

»Estamos inmersos en un profundo cambio en el mundo de las empresas: nuevas tendencias, nuevos retos. Para poder liderar el nuevo mundo, es necesario buscar profesionales con competencias no solo técnicas, sino también emocionales: autoconocimiento, automotivación, asertividad, proactividad, innovación. Competencias que forman parte del perfil de un directivo más global, más flexible y dispuesto a superar los retos y conseguir metas específicas.

»¿Qué te aporta esto, Alejandra? ¿Qué opinas tú?

—Me ha gustado oírte, Julia. Según te escuchaba me estaba dando cuenta de que a veces vivo «en automático». Soy consciente de que no puedo dejarme llevar por mis emociones y mucho menos imponer mi criterio. Se trata simplemente de pararme a pensar antes de actuar. Puedo elegir dar otro tipo de respuestas, me llevará tiempo entrenarme pero sé que puedo hacerlo. No sabes cuánto te agradezco tu ayuda. Espero que puedas enseñarnos más técnicas asertivas en estas sesiones que pasemos contigo.

—Estupendo. Vamos ahora con Jimena. Por lo que me contaste, tu problema es que no sabes decir «no».

—Sí, así es. Cuando empecé como empresaria tenía que darme a conocer. Tenía que sacar proyectos adelante para que se reconociera mi valía y poder generar confianza en los clientes. Esto, que al principio era casi una necesidad, ahora se ha convertido en una trampa. Es como si los clientes creyeran que pueden pedirme todo lo que quieran porque saben que estaré dispuesta. A veces tengo la sensación de —perdonad la palabra— prostituirme. Me siento comprada a cambio de seguir haciendo proyectos para el cliente. La verdad es que según voy hablando tengo ganas de llorar. Necesito parar esto. Están abusando de mí. ¿Qué puedo hacer, Julia? ¿Cuál es la clave?

—Estate tranquila, Jimena. Lo que te pasa nos pasa a todos en algún momento de nuestras vidas. Modificaste tus conductas para conseguir algo a cambio y ahora se han instalado en ti de forma automática sin tenerte a ti misma en cuenta. Has pagado el precio de tu respeto y tu valoración por una falsa idea de disponibilidad productiva. Si lo pensáis, es casi lógico. «Hago cosas para conseguir cosas», sin tener en cuenta el precio que pago, y todo porque el foco no está puesto en nosotros, sino en «el objetivo»: «conseguir clientes». Aquí tenéis otra clave importante. En muchas ocasiones, desviamos inconscientemente el objetivo de nuestras conductas y nos confundimos. Lo que realmente querías conseguir era reconocimiento, prestigio y confianza, no solo proyectos. Ahora, lo que tienes es todo lo contrario. Te sientes disminuida y sin valor. Qué interesante, ¿verdad?

»La asertividad es defender los propios derechos y definir argumentos que protejan la idea que se tiene sobre un tema determinado. Cuando lo hacemos de forma clara y coherente, estamos usando la asertividad. Como emprendedora debes ser capaz de expresar tus límites y tu valor. Para eso voy a mostraros algunas características básicas que reúnen las personas asertivas:

- Son libres a la hora de expresar sus opiniones.
- Usan una comunicación abierta, directa y sincera.
- Tienen capacidad para comunicarse con todo tipo de personas.
- Saben reconocer sus limitaciones y sus áreas de mejora.
- Tienen un comportamiento educado y respetable.
- Saben decir «no» y mostrar su postura hacia algo.

- Saben pedir cuando es necesario.
- Expresan sus sentimientos: de cariño, de admiración, de gratitud o de dolor o insatisfacción.
- Piden explicaciones si algo no queda claro.
- Saben expresar comprensión hacia otros puntos de vista.

»Expresar nuestros derechos y nuestros sentimientos es la mayor expresión de asertividad que podemos hacer. Siempre con respeto y con conciencia sobre el otro. Siempre teniendo en cuenta que los demás también tienen la oportunidad de hacerlo. Estas actitudes-conductas generan grupos de trabajo alineados, enfocados a un mismo objetivo y, por lo tanto, productivos.

»Estoy convencida de que tus clientes aceptarán tu asertividad con gratitud. ¿Sabéis por qué? Porque nuestra asertividad invoca a la asertividad de otros. Cuando creamos un entorno de respeto y valoración, todo el mundo se siente respetado y valorado.

»Y para acompañarte como empresaria, quiero añadir un bálsamo: la versatilidad para poder adaptarte a las necesidades de tus clientes. La asertividad no está reñida con el servicio, pero necesita versatilidad para no caer en mapas mentales rígidos. Una empresaria como tú que añada asertividad + versatilidad a sus competencias siempre tendrá proyectos que acometer.

—¡Madre mía, Julia! ¿Y tú dónde estabas? ¿Por qué no te hemos conocido antes? Vaya lección que acabas de darnos. Estoy encantada de oírte hablar. Según ibas incorporando propuestas a tu discurso, me iba viendo diferente. Como si me estuviera cambiando de traje. ¡Tú me propones vestir de rojo y yo estaba ya vestida de gris! Chicas, propongo un aplauso para Julia.

—Plas, plas, plas —aplaudieron todas.

—¡Eh, eh, eh! Nada de aplausos, estamos trabajando todavía. Luego, si queréis, tomamos un vino. Ya me ha chivado Jimena que «le dais al rioja».

—¡Ja, ja, ja! —Rieron todas.

—Ahora Rocío. Lo primero, ¿cómo va tu embarazo?

—Bien, estoy ya de cinco meses. Todavía me noto ágil y tengo un embarazo muy bueno. En realidad, todos han sido buenos. Debo de ser un poco «coneja»... ¡Ja, ja, ja! Mi cuerpo se adapta muy bien a ellos.

—Me alegro mucho. Es una etapa muy bonita para la mujer que decide tener hijos. La rueda biológica se pone en marcha y el cuerpo se aclimata perfectamente a la nueva dimensión. Cuéntanos tu caso.

—Mi caso tiene que ver con mi sensación permanente de culpa. En realidad, el otro día les contaba a Jimena y a Alejandra sobre mi trabajo y cómo me siento culpable de estar embarazada por mis compañeros. Voy a dejarles un buen «marrón» cuando me marche de baja maternal. Estamos inmersos en muchos proyectos y uno de ellos va a tener su punto álgido en plena baja. Y esto parece ser la punta del iceberg porque, en realidad, estos días me he dado cuenta de que me siento culpable por muchas más cosas: tengo la sensación de no atender bien a mis hijos, no le dedico tiempo a la casa, ni a mis padres, ni siquiera me cuido físicamente para estar atractiva para mi marido. Todas estas situaciones me hacen sentir culpable. —Rocío comenzó a llorar—. No sé por dónde seguir. Quiero trabajar porque me gusta mi trabajo, pero también quiero ser madre y esposa y mujer e hija. Alberto y yo decidimos tener familia numerosa, nos gustan mucho los niños y siempre hemos soñado con tener todas las sillas del salón llenas de niños. Pero eso no es compatible con la carga de trabajo que tengo en la oficina. O sea, que desde que me levanto por la mañana me siento culpable de todo. La parte personal puedo llevarla mejor porque los niños y ahora el embarazo no me dejan pensar mucho, pero en el trabajo las cosas se ponen muy feas cuando mi jefa y mis compañeros me sobrecargan con la excusa de que pronto me iré de baja. No se cómo poner límites.

—No llores, Rocío —dijo Alejandra—. Me pongo de mal humor cuando te veo así. Me gustaría hablar a mí con tu jefa.

—Alejandra, obsérvate ahora —dijo Julia—. ¿Qué estás pensando?

—Tienes razón, Julia, ya estaba en modo «agresivo». ¡Qué bien que te has dado cuenta! Quiero ser observadora como tú. Estaré muy pendiente de mis reacciones.

—Volvamos a Rocío. Creo que es el momento de hablaros de los derechos asertivos.

Julia se levanta a por un libro y muestra a Rocío la tabla de Derechos Asertivos (los tienes en el capítulo 2). Le pide que los lea y le pregunta:

—¿A cuál o a cuáles de ellos crees que puedes apelar como un primer paso?

—Bueno, claramente al cuarto: «Derecho a juzgar mis necesidades, establecer prioridades y tomar mis propias decisiones».

—Vaya ¡qué interesante, Julia! —dijo Jimena—. No sabía que existieran estos derechos.

—Somos nuestros propios jueces y, por lo tanto, somos los que creamos nuestros propios criterios sobre nosotros y sobre los demás. Ser nuestros propios jueces también tiene repercusiones sobre nuestros comportamientos. La pregunta es: ¿cómo aplicamos esta proclamación universal en nuestra vida cotidiana? ¿Cómo identificamos cuándo se están atropellando nuestros derechos asertivos? Lamentablemente, solemos darnos cuenta después de que haya sucedido y, si no ponemos freno, suele convertirse en un hábito aceptar las invasiones y el chantaje emocional que ese atropello genera.

»No es suficiente con que existan estos derechos y nosotros los reconozcamos y aceptemos, quizá los demás no los comprendan ni respeten.

»Para poner en valor nuestros derechos asertivos y frenar esa manipulación emocional es necesario que modifiquemos nuestras respuestas, nuestras reacciones. Es decir, necesitamos entrenar un lenguaje asertivo. Es necesario mostrar al otro su comportamiento, su lenguaje e indicarle cómo podría comportarse asertivamente. Para ello, utilizamos técnicas asertivas, como la que le mostraba antes a Alejandra. Para ti, Rocío, sería muy productivo la que llamamos el *banco de niebla*. Pretende dar la razón a la persona en lo que consideramos que la tiene; por ejemplo: es verdad que te vas a ir de baja maternal y que ahora todavía pueden contar contigo. Cuando nos llegan este tipo de mensajes, los recogemos y los aceptamos. Sin embargo, no permitimos que se conviertan en la razón para que se vulneren nuestros derechos. Para ello usamos nuestra capacidad de identificar lo que estamos dispuestas a hacer y lo expresamos con respeto.

»A ver, para ilustrar esto que digo, cuéntanos una conversación típica con tus compañeros en la que sientas que te han chantajeado.

—Sin ir más lejos, ayer. Estábamos trabajando sobre un asunto urgente que tiene que estar listo esta semana y que nos va a llevar muchas horas, y de repente llegó mi jefa con una base de datos para un proyecto que abordaremos cuando yo esté de baja. Ni corta ni perezosa, se puso delante de los tres y, mirándome a mí, dijo: «Rocío, esta base de datos hay que depurarla. Como luego no estarás, mejor lo haces cuanto antes. Nosotros tendremos que hacer tu trabajo cuando no estés, así es que echa una mano ahora». «Estoy terminando estas conclusiones que tienen que estar listas al final de la semana», le dije. Y va y me responde: «Bueno, ¿y qué? Pues quédate por la tarde unas horas y nos quitas la base de datos. Es lo mínimo que puedes hacer por nosotros teniendo en cuenta que estarás fuera casi cuatro meses».

—Es un ejemplo estupendo —dijo Julia, y sonrió—. ¿Cómo usarías aquí la asertividad?

—Según lo que nos has dicho, lo primero sería darles la razón en que estará fuera unos meses, ¿verdad? —dijo Jimena.

—Efectivamente —contestó Julia—. ¿Cómo lo expresaríais?

—«Tenéis razón en una cosa. En unos meses estaré de baja y tendréis que repartiros mi trabajo. Pero quizá haya otras posibilidades que no sean que yo adelante todo lo que se vaya a necesitar entonces. Estos meses estoy trabajando mucho y también necesito descansar después del trabajo si quiero cuidar mi embarazo. Lamentablemente no podré quedarme más horas extra pero, si queréis, me comprometo a que busquemos una solución entre todos» —respondió Alejandra.

—¡Vaya, Alejandra, aprendes rápido! —exclamó Julia.

—Sí, me ha encantado poder responder así —siguió diciendo Alejandra—. Te hace sentir muy tranquila y serena. Les das la razón en lo que la tienen y simplemente expresas lo que tú necesitas también. Además, se tiene la percepción de que los otros no van a poder invadirte. Se crea una especie de barrera transparente que es infranqueable.

—¿Qué te parece, Rocío? —preguntó Julia—. ¿Cómo te sirve esta respuesta?

—Es perfecta —dijo Rocío—. Quiero aprender a responder así. Según oía a Alejandra, estaba imaginando las caras de mi jefa y de mis compañeros y, francamente, creo que se sorprenderán de una reacción así pero no se atreverán a exigirme que me quede. Estoy viendo que no son los únicos responsables de esta situación que vivo, yo he permitido este tipo de relación sumisa.

—Me alegro de que te sea útil, Rocío. Por hoy creo que ya es suficiente. Las personas estamos completas. Existe en nosotros un potencial innato que nos permite enfrentarnos a cualquier situación que la vida nos pone por delante, si no, no habríamos podido sobrevivir, nos habríamos extinguido como otras especies. No necesitamos colmillos ni espadas para luchar. Tenemos la suerte de tener el lenguaje como herramienta y, aunque la asertividad es más una actitud interna que meramente lenguaje, aprender a usar técnicas con el lenguaje nos ayudará a construir una identidad asertiva. Ya habéis visto que la comunicación asertiva es una forma de expresión honesta y directa, que tiene como objetivo tener en cuenta nuestras necesidades y nuestros derechos, comunicando nuestros puntos de vista, nuestros pensamientos, sin la intención de dañar al otro. —Y mirándolas a las tres, les dijo—: ¿Tenéis alguna pregunta sobre lo que hemos visto?

—No, nos llevamos mucho, Julia. Necesitamos procesar y practicar todo lo que hemos aprendido. ¿Cuándo podemos tener otra sesión contigo?

—Vamos a dejar pasar un par de semanas para que podáis poner en marcha algún cambio, lo experimentéis y luego podamos compartirlo. Si os parece bien, estaré en contacto con Jimena y en quince días fijamos una nueva sesión. Siempre los viernes, ¿verdad?

—Sí, sí, los viernes nos viene bien a todas.

—Estupendo, ¿tomamos un vino?

—¡Por supuesto! —Sonrieron las tres.

Con este brindis queremos despedirnos de ti, amiga lectora.

Esperamos que nuestra propuesta te ayude a construirte como la mujer asertiva que quieres ser y a partir de hoy digas: VOY A SER ASERTIVA.

Te dejamos, a modo de colofón, tres propuestas para la vida que vas a emprender nada más cerrar este libro:

TRES CONSEJOS

Sé asertiva contigo misma.
Sé asertiva en tu vida cotidiana.
Ten claros tus ámbitos de actuación y sus límites,
y los de los demás.

Bibliografía

1. INTELIGENCIA EMOCIONAL Y ASERTIVIDAD:
LAS GRANDES ALIADAS

Sáez Buenaventura, C., *¿La liberación era esto? Mujeres, vidas y crisis*, Madrid, Temas de Hoy, Col. Fin de Siglo, 1993.

Shinoda Bolen, J., *Las diosas de cada mujer. Una nueva psicología femenina*, Barcelona, Kairós, 1984.

—, *Las diosas de la mujer madura. Arquetipos femeninos a partir de los cincuenta*, Barcelona, Kairós, 2001.

2. LA MUJER ASERTIVA

Castanyer Mayer-Spiess, O., *La Asertividad, expresión de una sana autoestima*, Bilbao, Desclée de Brouwer, Col. Serendipity, 1997.

Phelps, S., y Austin, N., *La mujer asertiva sabe lo que quiere*, Barcelona, Obelisco, 2002.

3. Lo que tenemos en común: las necesidades

Maslow, A., *Motivación y personalidad*, Madrid, Díaz de Santos, 1991.

—, *El hombre autorrealizado*, Barcelona, Kairós, 1968.

—, «A Theory of Human Motivation», *Psychological Review*, n.° 50 (1943), pp. 370-396.

4. Lo que tenemos en común: los valores

Dilts, R., *Identificación y cambio de creencias*, Madrid, Urano, 1998.

Rosal, R., *Valores éticos o fuerzas que dan sentido a la vida*, Lleida, Milenio, 2012.

Torralba, F., *Cien valores para una vida plena*, Lleida, Milenio, 2003.

Yarce, J., *Cómo formar a los hijos con un sólido sentido ético*, Barcelona, Grupo Editorial Norma, 2004.

—, *Cuáles son tus valores*, Madrid, Panamericana, 2010.

—, *Valor para vivir los valores*, Barcelona, Belacqua, 2004.

5. Autoconocimiento

Berne, E., *Transactional Analysis in Psychotherapy*, Nueva York, Grove Press, 1961.

Cañizares, O., y Delgado D., *Quiero aprender a conocerme*, Bilbao, Desclée de Brouwer, 2017.

Norberto, L., *La sabiduría de las emociones*, Barcelona, Debolsillo, 2001.

6. Regulación emocional

Beck, A., *Prisioneros del odio,* Barcelona, Paidós, Col. Saberes Cotidianos, 2003.

Castanyer, O., y Ortega, E., *¿Por qué no logro ser asertivo?*, Bilbao, Desclée de Brouwer, 2001.

López, E., y Costa, M., *Si la vida nos da limones, hagamos limonada. Dar sentido a la vida cuando el estrés y la ansiedad nos la complican*, Madrid, Pirámide, 2016.

Moreno, P., *Aprender de la ansiedad. La sabiduría de las emociones*, Bilbao, Desclée de Brouwer, 2013.

Thalman, Y., *Cuadernos de ejercicios para vivir la ira en positivo*, Barcelona, Terapias Verdes, 2012.

Timpe, A., *¡Estoy furioso!*, Bilbao, Desclée de Brouwer, 2006.

7. Autoestima

Bradshaw, J., *Sanar la vergüenza que nos domina*, Barcelona, Obelisco, 2004.

Castanyer, O., *Yo no valgo menos*, Bilbao, Desclée de Brouwer, Col. Serendipity, 2007.

Mac Kay, M., y Fanning, P., *Autoestima. Evaluación y mejora*, Barcelona, Martínez Roca, Biblioteca de Psicología, Psiquiatría y Salud, Serie Práctica, 2003.

Neff, K., *Sé amable contigo mismo. El arte de la compasión hacia uno mismo*, Barcelona, Oniro, 2012.

8. Empatía y escucha activa

Alcalde, N., y Tejerina, J., *Asertividad para torpes*, Anaya Multimedia, 2012.

Bermejo, J. C., *Apuntes de relación de ayuda*, Bilbao, Sal Terrae, 1998 (p. 38 para el análisis transaccional y p. 41 en referencia a G. Colombero).

Cañizares, O., y García de Leaniz, C., *Hazte experto en inteligencia emocional*, Bilbao, Desclée de Brouwer, 2015.

Cooper, K. R., y Sawaf, A., *Inteligencia Emocional aplicada al liderazgo y a las organizaciones*, Bogotá, Norma, 2005.

Caballo, V., *Evaluación de las habilidades sociales*, Madrid, Pirámide, 1986.

Erskine, R. G.; Moursund, J, P., y Trautmann, R. L., *Más allá de la empatía*, Bilbao, Desclée de Brouwer, 2012.

Goleman, D., *Inteligencia social*, Barcelona, Kairós, 2006.

Rogers, C., *El proceso de convertirse en persona,* Barcelona, Paidós, 2000.

Tomatis, A., «Hacia la escucha humana», en www.Healthmanaging.com.

9. AUTOMOTIVACIÓN

Cofer, C. N., y Appley, M. H., *Psicología de la motivación*, México, Trillas, 1979.

Csíkszentmihályi, M., *Fluir*, Barcelona, Kairós, 2013.

Fernández-Abascal, E., *Psicología general, motivación y emoción*, Madrid, Centro de Estudios Ramón Areces, 1997.

Mc Clelland, D. C., *Estudio de la motivación humana*, Madrid, Nancea, 1989.

Maslow, A., *El hombre autorrealizado*, Barcelona, Kairós, 1968.

Roca, J., *Automotivación*, Barcelona, Paidotribo, 2006.

Seligman, M., *La vida que florece*, Barcelona, Ediciones B, 2011.

10. HABILIDADES SOCIALES Y COMUNICACIÓN

Ayán, M.ª F., Curso «Entrenamiento en Habilidades Sociales y Asertividad», V Escuela de Verano de Psicología, Madrid, 8-12 de julio de 1991.

Berkhan, B., *Defiéndete de los ataques verbales: un curso práctico para que no te quedes sin palabras*, Barcelona, RBA, 2017.

Caballo, V. E., *Manual de evaluación y entrenamiento de las habilidades sociales*, Madrid, Siglo XXI, 1993.

Görner, B., *Cómo ganarse a las personas*, Bilbao, Desclée de Brouwer, Col. Serendipity, 2012.

Mehrabian, A., y Wiener, M., «Decoding of Inconsistent Communications», *Journal of Personality and Social Psychology*, n.° 6 (1967), (1):, 109-114.

Ruliki, S., y Cherny, M., *Comunicación no verbal: cómo la inteligencia emocional se expresa a través de los gestos*, Barcelona, Granica, 2012.

11. TÉCNICAS ASERTIVAS

Castanyer, O., *Aplicaciones de la asertividad*, Bilbao, Desclée de Brouwer, Col. Serendipity, 2014.

D'Ansembourg, T., *Deja de ser amable, sé auténtico. Cómo estar con los demás sin dejar de ser uno mismo*, Bilbao, Sal Terrae, 2003.

Fensterheim, H., y Baer, J., *No diga sí cuando quiera decir no*, Barcelona, Grijalbo, 1976.

Smith, M. J., *Cuando digo no, me siento culpable*, Barcelona, Debolsillo, 2003.

Stamateas, B., *No me maltrates. Cómo detener y poner límites al maltrato verbal*, Barcelona, Ediciones B, 2013.

12. LA MUJER ASERTIVA COMO MADRE

Castanyer, O., *Enséñale a decir No*, Madrid, Espasa Calpe, 2012.

Ferrerós, M. L., *Abrázame, mamá. El desarrollo de la autoestima infantil y juvenil*, Barcelona, Planeta, 2007.

Horno, P., *Educando el afecto: reflexiones para familias, profesorado, pediatras*, Barcelona, Graó, 2004.

Mazlish, E., y Faber, A., *Cómo hablar para que sus hijos le escuchen y escuchar para que sus hijos le hablen*, Barcelona, Médici, 2013.

Sanmartín, O. R., «Llegan los padres "helicóptero"», *El Mundo*, 9 de enero de 2015.

13. LA MUJER ASERTIVA COMO PAREJA

Beck, A., *Con el amor no basta: cómo superar malentendidos, resolver conflictos y enfrentarse a los problemas de pareja*, Barcelona, Paidós, 1990.

Castelló, J., *La superación de la dependencia emocional*, Málaga, Corona Borealis, 2011.

Hall, J., *Soluciones para una vida sexual sana*, Bilbao, Desclée de Brouwer, 2012.

14. LA MUJER ASERTIVA COMO HIJA

Dahm, U., *Reconcíliate con tu infancia. Cómo curar antiguas heridas*, Bilbao, Desclée de Brouwer, Col. Serendipity, 2011.

15. LA MUJER ASERTIVA COMO TRABAJADORA

Castanyer, O., y Ortega, E., *Asertividad en el trabajo. Cómo decir lo que siento y defender lo que pienso*, Barcelona, Conecta, 2015.

Fisher, R.; Ury, W., y Patton, B., *Obtenga el sí: el arte de negociar sin ceder*, Barcelona, Gestión 2000, 1996.

Gil, F., y García, M., *Habilidades de dirección en las organizaciones*, Madrid, Eudema, 1993.

Moore, Ch., *El proceso de mediación. Métodos prácticos para la resolución de conflictos*, Buenos Aires, Granica, 1995.

Munduate, L., y Martínez, J. M., *Conflicto y Negociación*, Madrid, Eudema, 1994.